在华外资企业知识产权
新型保护途径研究

项安安　余　翔　李　娜　著

ZHEJIANG UNIVERSITY PRESS
浙江大学出版社

图书在版编目(CIP)数据

在华外资企业知识产权新型保护途径研究／项安安，余翔，李娜著. —杭州：浙江大学出版社，2019.9
ISBN 978-7-308-19602-4

Ⅰ.①在⋯ Ⅱ.①项⋯ ②余⋯ ③李⋯ Ⅲ.①外资企业－知识产权保护－研究－中国 Ⅳ.①D923.404

中国版本图书馆 CIP 数据核字(2019)第 208625 号

在华外资企业知识产权新型保护途径研究

项安安　余　翔　李　娜　著

责任编辑	樊晓燕
责任校对	杨利军　张培洁
封面设计	雷建军
出版发行	浙江大学出版社
	(杭州市天目山路 148 号　邮政编码 310007)
	(网址：http://www.zjupress.com)
排　　版	浙江时代出版服务有限公司
印　　刷	杭州良渚印刷有限公司
开　　本	710mm×1000mm　1/16
印　　张	10
字　　数	144 千
版 印 次	2019 年 9 月第 1 版　2019 年 9 月第 1 次印刷
书　　号	ISBN 978-7-308-19602-4
定　　价	39.00 元

目　录

第一章　我国知识产权保护的形势

第一节　背景和意义

一、我国知识产权保护现状

知识产权是保护发明、鼓励创造的重要制度。知识产权事业发展不但能创造经济效益,也有可观的科学、文化和社会效益。知识产权在科学方面的首要贡献是推动创新。中国共产党第十八次全国代表大会提出,要完善知识创新体系,实施国家科技重大专项,实施知识产权战略,把全社会智慧和力量凝聚到创新发展上来。习近平总书记在党的十九大报告中特别指出,要"倡导创新文化,强化知识产权创造、保护、运用"。加强知识产权保护是完善产权保护制度的重要内容,也是提高我国经济竞争力的极大激励。近年来我国知识产权事业发展迅速,为实现创新驱动发展目标提供了强劲的引擎。2018 年上半年我国发明专利申请受理量达到21.7 万件。截至 2018 年 6 月底,我国国内发明专利拥有量共计147.5 万件,每万人口发明专利拥有量达到 10.6 件;商标有效注册量达到 1680.7万个,平均每 6.1 个市场主体拥有一个有效商标。[①] 知识产权的发展不但会促进财富的增长,同时,知识产权所包含的崇尚科学、激励创新、公平

---

① 《国家知识产权局 2018 年上半年重要工作统计数据》,http://www.sipo.gov.cnzcfgtjxwx/1126077.htm(访问日期:2018 年 12 月 5 日)。

1

竞争、诚实守信等方面的道德文化诉求也会带来社会风尚的净化。

近年来,中国在知识产权领域的立法获得了较大的进展,在与之相配套的知识产权行政管理、知识产权行政执法、知识产权司法保护方面也开展了大量工作,但从整体性上看,知识产权的保护能力、保护途径、保护强度的发展存在不均衡,仍有很大的提升空间。国务院发布的《国家知识产权战略纲要》提出,要健全知识产权执法和管理体制,加强司法保护体系和行政执法体系建设,提高执法效率和水平。这一纲领性文件着重强调了知识产权行政执法。知识产权行政执法是知识产权保护的重要一环,也是一个瓶颈问题。一方面,如今知识产权执法的场域空前扩大,由实体性的市场环境、生产环境扩展到虚拟环境、网络环境,新兴的网络社群、电子商务媒介成为知识产权执法新开辟的战场。另一方面,知识产权执法的资源、模式也在发生变化,单单依靠专利、版权、工商部门的执法力量,仅仅通过群众提供的线索、市场纠察发现的线索已远远不够,高速发展的网络技术使得传统执法显出很大的滞后性。执法是众人之事,单纯依靠执法机关的人力、物力难以形成长效的保护态势。执法也需要技术支撑,传统的执法观念和执法手段亟须更新。

浙江省高度重视知识产权工作。近年来浙江省多个城市先后被列为全国知识产权试点城市、国家知识产权示范创建城市、全国专利试点城市。目前浙江省的专利申请量位于国内同类省市的前列。浙江省已在知识产权创造、运用、管理、保护等方面推出了规章制度、工作方案、指导意见,在全社会营造了较好的知识产权氛围。到 2017 年年底,全省万人发明专利拥有量达到 19.67 件,发明专利申请量占专利申请量的比重达到 26.25%,专利合作条约(PCT)国际专利年申请量达到 1196 件,国内有效注册商标总数达到 154.5 万件,居全国第二。① 浙江省是知识产权大省,也是电子商务领域蓬勃发展的地区,为破解电子商务领域的新型知识产权纠纷执法难题,2011 年以来,浙江省科技厅、浙江省知识产权局与行业

---

① 《2017 年浙江省知识产权发展与保护状况》,http://www.zjpat.gov.cn/interIndex.do? method=draftinfo&draftId=4aeb4c53-67e2d414-0167-f2bd8b8a-0002(访问日期:2019 年 1 月 15 日)。

内有影响力的阿里巴巴(中国)网络技术有限公司、浙江淘宝网络有限公司达成了知识产权保护合作备忘录,指导上述公司制定完善网络专利纠纷投诉处理程序和制度,建立重大、群体性专利侵权案件通报机制等。为使电子商务知识产权行政执法制度化、长效化,浙江省科学技术厅、浙江省知识产权局先后发布了《浙江省电子商务领域专利保护专项行动实施方案》(浙知发法〔2014〕9 号)以及《浙江省电子商务领域专利保护工作指导意见(试行)》(浙科发知〔2014〕185 号),对电子商务领域的知识产权新型执法模式进行了有益的探索。这一系列举措的亮点在于充分动员和整合企业、网络用户、社会组织的力量,发挥出强大的协同作用,贯彻了党的十八大提出的"党委领导、政府负责、社会协同、公众参与、法治保障"的社会治理总体思路。

二、本书的研究意义

知识产权是指在科学、技术、文化、工商等领域内,人们基于自己的智力创造成果和经营管理活动中的标记、信誉、经验、知识而依法享有的专有权利。知识产权是随着西方资本主义社会的兴盛而逐步传播到全世界范围的新兴范畴。哲学、法律、经济、管理等多学科对知识产权整体制度进行了研究,不同程度地讨论了支撑知识产权制度的历史因素、经济因素、国际因素、科学技术因素、社会因素,比较了历史道路、经济发展水平、法律环境等方面的差异所造成的知识产权本质、功能认知冲突,介绍了美国、欧盟、日本、中国的知识产权战略的形成过程、核心内容、支持要件,提出了很多值得借鉴的观点。必须提到的是,吴汉东在其《知识产权基本问题研究》一书中认为,知识产权不仅是一种产权、一种财产,它更是科技创新之源,是核心竞争力。知识产权不仅仅是一种法律现象,还是一种社会改造工具,能够维护知识权利的正义秩序,实现知识进步的效益目标,对现代社会的进程,文明的塑造、社会风尚的培育起到独特的作用。[1]

在宏观理论指导下,学者们开展了知识产权的多重效用研究,尤其是知识产权在法律之外的效用。有研究者分析了知识产权制度与科学技术的互动关系和对科技哲学的影响,解释了知识产权对发明创造和技术进步产生促进作用的内因,关注了当前中国在知识产权法律还不够完善的情况下,何以出现活跃的技术流动和令人瞩目的创新绩效,提出在法律和政策规制之外,知识产权本身存在着一些有助于自发创新的因素,诸如知识产权对社会伦理基础、社会价值目标取向的贡献。有的研究者检讨了知识产权在经济领域的竞争保护与垄断形成上扮演的角色,连带研究了知识产权制度在私权与公权的关系变迁及协调中发挥的作用,提出在技术垄断方面知识产权的功能可能产生对立性,但无论在竞争环节还是在垄断状态下,通过管理和规范申请、授权、使用技术等知识产权活动,确实能够发挥抑制假冒、仿造的效用,对保护经济诚信产生正面影响。因此,有必要结合当前国内投资法的最新问题和国际层面投资立法的最新动态进行研究,对我国知识产权保护制度进行系统性全方位的研究,分析我国政府、司法机关对外资知识产权保护方面的法律法规和态度,分析影响外资企业知识产权投资信心的若干因素,提出一些新的知识产权保护渠道,以利于稳定外商投资,正面宣传我国知识产权保护取得的成果。

第二节　知识产权相关立法和保护机构

一、知识产权相关法律法规

从 20 世纪末开始,全球迎来了新一轮科技革命与产业变革,发达国家纷纷将知识产权作为抢占全球经济、科技制高点的有力武器,在国际贸易中实行高标准的知识产权保护规则,知识产权越来越成为国际竞争力的核心要素。许多国家已经从国家战略的高度来考虑、制定和实施知识产权战略,并将知识产权战略与经贸政策相结合。知识产权战略构成了国家发展总体战略的组成部分,对实现国家总体目标具有重大意义。2005 年中国成立了国家知识产权战略制定工作领导小组,正式启动了国家知识产权战略制定工作。同时,中国政府也不断地加大了知识产权保护的力度。2008 年 6 月 5 日国务院正式发布了《国家知识产权战略纲要》,决定实施国家知识产权战略。2017年4月24日,最高法首次发布《中国知识产权司法保护纲要》。2018年9月,中共中央办公厅、国务院办公厅印发了《关于加强知识产权审判领域改革创新若干问题的意见》等重要文件。

知识产权法既包括私法规范,也包括公法规范。但从法律部门的归属上讲,知识产权法属于民法,是民法的一个组成部分。民法的基本原则、制度和法律规范大多适用于知识产权。在现代社会中,知识产权作为一种私权在各国普遍获得确认和保护。从中国目前的立法现状看,知识产权法仅是一个学科概念,并不是一部具体的制定法。知识产权法律制度又可以分为国内法和国际法两部分。知识产权国内法主要由宪法、民法通则、民法总则、著作权法、专利法、商标法、反不正当竞争法等若干法律法规或规章、司法解释等共同构成。

(一)国内立法渊源

1. 知识产权法律

宪法作为各个部门法的母法,是具有最高法律效力的国家根本大法。《中华人民共和国宪法》的第二十条、二十二条和四十七条均有涉及知识产权保护的规定。

《中华人民共和国民法总则》第一百二十三条明确规定,民事主体依法享有知识产权,并且列举了知识产权的权利内容:(1)作品;(2)发明、实用新型、外观设计;(3)商标;(4)地理标志;(5)商业秘密;(6)集成电路布图设计;(7)植物新品种;(8)法律规定的其他客体。

知识产权的专门单行法主要有2010年修订的著作权法、2008年修订的专利法、2013年修订的商标法以及2017年修订的反不正当竞争法中涉及的商业秘密保护部分。

另外,还有其他法律法规,比如刑法、税法、对外贸易法、合同法、公司法等,可能涉及知识产权的运用和保护。《中华人民共和国公司法》第二十七条规定:"股东可以用货币出资,也可以用实物、知识产权、土地使用权等可以用货币估价并可以依法转让的非货币财产作价出资。"从理论上讲,企业甚至可以100％用知识产权出资。这里就可能涉及知识产权的估价和转让等问题。

2.知识产权行政法规

知识产权行政法规主要有《著作权法实施条例》(2013年修订)、《计算机软件保护条例》(2013年修订)、《信息网络传播权保护条例》(2013年修订)、《专利法实施细则》(2010年修订)、《商标法实施条例》(2014年修订)、《商标法实施细则》(1993年修订)、《植物新品种保护条例》(2013年修订)、《知识产权海关保护条例》(2010年修订)、《集成电路布图设计保护条例》、《集成电路布图设计保护条例实施细则》等。

3.知识产权部门规章

知识产权部门规章有国家知识产权局《专利实施强制许可办法》《专利行政执法办法》等。

4.知识产权司法解释

知识产权司法解释有《最高人民法院关于审理专利纠纷案件适用法律问题的若干规定》《最高人民法院关于诉前停止侵犯专利权行为适用法律问题的若干规定》等。

5.知识产权地方性法规、自治条例和单行条例

知识产权地方性法规、自治条例和单行条例如《浙江省专利条例》。

(二)国际法渊源

国家实力的竞争很大程度上取决于科技水平的发展。世界各国对知识产权的保护都十分重视,但各国的立法又存在着较大的差异,这就造成了国际交往中对知识产权保护的摩擦和纠纷。因此,在经济全球化发展的趋势下,国际社会致力于制定各国普遍接受的知识产权保护规则,以便于一视同仁地保护各国知识产权。我国在制定国内知识产权法律法规的同时,也不断加强与世界各国在知识产权领域的交往与合作,加入了十多项知识产权保护的国际公约。这些国际公约主要有:《与贸易有关的知识产权协定》(以下简称 TRIPS 协定)、《保护工业产权巴黎公约》、《保护文学

和艺术作品伯尔尼公约》《世界版权公约》《商标国际注册马德里协定》、《专利合作条约》等。其中,世界贸易组织(WTO)的 TRIPS 协定被认为是当前世界范围内知识产权保护领域中涉及面广、保护水平高、保护力度大、制约力强的国际公约,对中国有关知识产权法律的修改起了重要作用。

二、知识产权保护的“双轨制”模式下的管理机构

知识产权保护是保护发明、鼓励创造的重要制度。知识产权主要是以民事法律权利的形式存在的,包含精神和财产利益。民事法律权利的法理核心是支配性与排他性,这使得民事法律权利存在一些弱点,即支配性和排他性无法单纯依靠伦理戒律和道德感召实现。而且,知识产权作为一种无形财产权利与人身权利,对侵害行为的防御能力差。随着经济社会的发展,知识产权的财富属性越来越浓厚,被侵权风险在逐步加深[2]。在知识产权权利沦陷时需要给予公力救济和私力救济。在知识产权发展过程中,逐步发展出了民事、行政、刑事多种保护方式的局面。如一件专利或者商标,既可能引发专利、商标权无效的行政诉讼,又可能演变成侵害专利、商标权的民事诉讼问题,还可能导致版权犯罪、商标犯罪。

目前,我国对知识产权保护,采用司法保护和行政保护的“双轨制”模式。因此,对于知识产权保护,既可以采取像普通民事权利一样的司法救济途径,也可以通过行政管理方式由行政机关予以保护。我国的专利法、商标法、著作权法等知识产权法律都规定了知识产权保护的行政途径。比如《中华人民共和国专利法》第六十条规定了争端解决的途径:首先是协商解决,协商不成的可以向人民法院起诉,也可以请求管理专利工作的部门处理。我国目前正在逐步建立知识产权专门法庭。截至 2018 年 5 月,我国已在北京、上海、广州等地建立了 15 个知识产权法庭,有效地提升了知识产权专业化审判水平。而行政管理部门的执法主体是多元化模式。传统上知识产权(专利)管理部门、新闻出版(版权)管理部门、市场监督管理部门、商标管理部门、海关、公安部门、文化管理部门、农业(渔业、林业)管理部门、卫生管理部门、食品药品监督管理部门、信息化管理部门等行政机关都可以成为知识产权行政执法的主体。它们之间的权能分工

的依据,一方面来源于商标法、著作权法、专利法等法律的规定,另一方面源自行政机关内部奉行的职权行使"三定"方案[3]。在这种权力构架下,知识产权局(专利局)主要负责专利执法;新闻出版局(版权局)、文化局、工业和信息化管理部门从事版权、软件著作权、集成电路布图设计、传统知识等方面的执法;市场监督管理部门、商标局主要负责商标执法;市场监督管理部门负责商业秘密方面的执法检查。根据 2018 年中国国务院的机构改革方案,现在这几家机构的执法职能进行了整合,统一归属于市场监管局。海关可以开展进出境货物的知识产权执法;农业、渔业、林业部门可以开展植物、动物新品种、地理标志等方面的执法;卫生部门、食品药品监督管理部门可以就药品数据、仿制药许可、医疗技术方面的知识产权开展执法。知识产权行政执法是知识产权司法保护的有效补充,也是我国知识产权保护"双轨制"的一大特色。习近平总书记强调,要完善执法力量,加大执法力度,把违法成本显著提上去,把法律威慑作用充分发挥出来。随着知识产权司法和行政执法改革步入正轨,商标、专利分头管理和重复执法问题可以得到有效解决,这将促进我国知识产权管理体制的进一步完善。

第二章 外商投资企业知识产权
状况和保护困境

第一节 国际直接投资中的知识产权保护

一、国际直接投资概述

（一）国际投资的概念

外资包括外国投资（foreign investment）和对外投资（overseas investment）。外国投资又分为外国直接投资（foreign direct investment）和外国间接投资（foreign indirect investment）。当前国内外学术界并没有严格区分外资和国际投资，并且在很大程度上经常将二者混用。笔者以为，外资和国际投资的区别主要在于视角不同。国际投资是基于国际视角，而外资则基于一个国家的国内视角。在法学上，政府投资，不论是直接投资还是间接投资，都属于国际公法调整的范围；私人的间接投资属于国际金融法下的国际证券法的调整范围；只有国际私人直接投资属于国际投资法的调整范围。"私人"总是属于特定国家的，因此就具体的投资项目而言，只可能是外国投资或者对外投资。姚天冲教授在界定国际投资时就认为，"国际投资，又称对外投资或海外投资"。[4] 姚梅镇教授也曾指出："国际投资，对东道国来说，是资本输入问题，是引进和利用外资问题，从而为贯彻本国的外资政策，也就制定出一套关于保护、鼓励及限制外国投资的法规和法制(外国投资法)。对投资者本国来说,是资本输出问题,资本输出国为了保护本国海外直接投资者的利益和安全,也就制定一套保护和鼓励本国海外投资的法规和法制(主要为海外投资保险法)。"[5]因此,国内外理论界所称的外资通常是指"外国直接投资"。本文所指的外资也指其狭义的概念,即外国直接投资。因此投资仅指直接投资。关于直接投资的界定,从传统国际投资角度看,可依投资者是否对企业享有控制权而区分为直接投资与间接投资。但在国际投资法律中,其概念纷繁复杂,并未有多边国际公约或有效国际习惯法做出明确的统一认定。从国内外学者的理论定义看,余劲松教授认为:"所谓直接投资,是指伴有企业经营管理权和控制权的投资,投资者在海外直接经营企业,并对企业的经营管理有较大的控制权。"[6]新加坡的 Sornarajah 教授认为:"当外国投资者将有形或无形资产输出到东道国,并在其控制之下的东道国创造财富。"[7]

从法律文本定义看,在国际法层面,现今全球有关投资的多边条约主要有《多边投资担保机构公约》、《1965 年华盛顿公约》与 TRIMs 等。《多边投资担保机构公约》第 12 条仅在该公约项下的投资担保层面对投资做出定义:

> (a)合格的投资应包括股权投资,其中包括股权持有者为有关企业发放或担保的中长期贷款,和董事会确定的其他形式的直接投资。
> (b)董事会经特别多数票通过,可将合格的投资扩大到其他任何中长期形式的投资。但是,除上述(a)款中提及的贷款外,其他贷款只有当它们同机构担保或将要担保的具体投资有关时,才算合格……

《1965 年华盛顿公约》(以下简称《公约》)与 TRIMs 虽涉及投资,但未对这一概念做出明晰且得到国际一致认可的定义。

《北美自由贸易协定》(NAFTA)这一区域性公约在其第十一章的 1139 条对投资列举了 8 种形式:

> 投资指(a)企业;(b)企业发行的普通股票;(c)企业发行的债权:(i)企业是投资者的隶属机构,或(ii)债权原始偿还期限至少为三年,

但不包括国有企业发行的债权,不论其原始偿还期限的长短;(d)对企业的贷款:(i)企业是投资者的隶属机构,或(ii)债权原始偿还期限至少为三年,但不包括国有企业发行的债权,不论其原始偿还期限的长短;(e)在企业中的利益,所有者可居之分享企业的收入或利润;(f)在企业中的利益,所有者可居之分享企业解散后的资产,但不包括(c)项、(d)项之外的债券或贷款;(g)不动产或其他有形或无形的财产,且系预期所得或用于经济利益目的或其他商业目的所得;(h)源于向缔约一方境内的经济活动投入资本或其他资源的利益。

且投资排除了不在上述种类中的货币请求权。接着后面一款又提到所谓"缔约方投资者的投资是指为缔约方投资者直接或间接拥有或控制的投资"。

经济合作与发展组织在其《OECD 外国直接投资的标准定义 2008》的第三章中将直接投资定义为:

> 外国直接投资反映了这样一个目标,即为了获得持久的利益,一个经济体的居民企业(直接投资者)在另一个经济体设立企业(直接投资企业)。持久利益是指直接投资者和直接投资企业存在长期关系,并且投资者对投资企业的经营管理有重大影响。[8]

2019 年 3 月 15 日第十三届全国人民代表大会第二次会议通过的《中华人民共和国外商投资法》第二条规定:

> 本法所称外商投资,是指外国的自然人、企业或者其他组织(以下称外国投资者)直接或者间接在中国境内进行的投资活动,包括下列情形:
>
> (一)外国投资者单独或者与其他投资者共同在中国境内设立外商投资企业;
>
> (二)外国投资者取得中国境内企业的股份、股权、财产份额或者其他类似权益;
>
> (三)外国投资者单独或者与其他投资者共同在中国境内投资新建项目;

（四）法律、行政法规或者国务院规定的其他方式的投资。

本法所称外商投资企业，是指全部或者部分由外国投资者投资，依照中国法律在中国境内经登记注册设立的企业。

而从投资仲裁实践看，虽然《公约》的制定者为确保《公约》可适用于随着经济发展而不断变化的投资而未在其第 25 条给予明确定义，但 ICSID 的一系列裁决确定了判断适格投资的特征标准：是否构成投资取决于争议项目是否具有持续的时间段、稳定的收益和回报、承担风险以及对东道国发展具有重要意义的实质贡献四项要素。[9] 在 1997 年的 Fedax NV v. Republic of Venezuela 案中，仲裁庭结合《公约》第 25 条第 1 款与 Shreuer 教授的观点，确定了上述标准。这一标准被其后许多仲裁庭援引，其中最著名的是 Salini v. Morocco 案。在该案中，仲裁庭注意到投资应在《公约》第 25 条第 1 款项下进行客观衡量：

> 一般学说认为投资指的是：投入，对于合同履行的一段持续时间，交易活动中风险的承担……考虑公约序言，可以增加一项判断适格投资的额外条件，即（投资）须对东道国经济发展有贡献。①

此后，这一判断 ICSID 投资外部界限的方法得以确立，即 Salini 标准。根据这一标准，争议"投资"仅在符合以上各要件后才构成 ICSID 适格投资。从 Fedax 案至 2014 年，ICSID 仲裁庭已在数十个案件中运用前述方法判断投资。[10]

考察上述关于投资的定义，可以发现，尽管学者理论，国际、国内立法和仲裁实践关于投资的定义不完全一样，也不管投资的方式有哪些，但都涉及下列特征：

（1）投资时间比较长，投资者谋求的是长期利益；

（2）投资者通过某种方式能控制被投资的企业，或对企业的经营管理乃至东道国经济发展有重大影响。

因此，有学者认为，虽然国际投资协定中"投资"的定义日益扩大，几

---

① Salini Costruttori SPA and Italstrade SPA v. Kingdom of Morocco，ICSID Case No. ARB/00 /4，Decision on Jurisdiction，23 July 2001，para 52.

乎囊括了国际投资实践的所有财产类型,但即使包含了若干所谓间接投资的资产,并不表明国际投资法的调整范围也扩大到了间接投资,大多数的国际投资协定明确排除投机和短期资本的保护。[11]

关于什么是"控制",一些国际组织和国内法也做出了非常具体的界定。这种界定,在理论上不仅是外资定义中的关键,也是区分直接投资和间接投资的关键。经济合作与发展组织在直接投资定义后接着提到"一个经济体的居民投资者在另一个经济体的企业中直接或者间接拥有10%或以上的股权就可以证明这种投资关系的存在"。[8]虽然有学者认为,在某些情况下,拥有10%的股权不一定能对企业产生重大影响,而有些投资者即使股份不到10%也可能对企业管理产生有效发言权。但经合组织认为,为了确保国家间的数据一致性,建议严格应用10%标准。根据这个标准,如果投资者所持有的被投资企业的股权在10%以下的就属于间接投资,如果在10%或以上,则为直接投资。这一标准被一些国家采用。比如美国联邦法典第15章"商业与外贸"第801条中对直接投资的定义是:"一个人直接或间接拥有或控制10%以上的公司股份或者在非公司企业中具有相当的利益。"①而联合国跨国公司中心则采取了更加审慎的态度:只有持股50%以上的跨国并购才作为直接投资来统计。[12]

我国2015年《中华人民共和国外国投资法(草案征求意见稿)》的第十八条对"控制"进行了界定:

> 本法所称的控制,就某一企业而言,是指符合以下条件之一的情形:
>
> (一)直接或者间接持有该企业百分之五十以上的股份、股权、财产份额、表决权或者其他类似权益的。
>
> (二)直接或者间接持有该企业的股份、股权、财产份额、表决权或者其他类似权益虽不足百分之五十,但具有以下情形之一的:
>
> 1. 有权直接或者间接任命该企业董事会或类似决策机构半数

---

① 15 CFR Section 801.2.

以上成员；

2. 有能力确保其提名人员取得该企业董事会或类似决策机构半数以上席位；

3. 所享有的表决权足以对股东会、股东大会或者董事会等决策机构的决议产生重大影响。

（三）通过合同、信托等方式能够对该企业的经营、财务、人事或技术等施加决定性影响的。

由此可见，我国立法采取的是 50％以上股权标准，但股权比例标准并不是唯一的判断标准，第十八条的第二款和第三款强调虽然持股不足50％，但对企业股东会、董事会等决策机构有重大影响的或者对企业的经营、财务、人事或技术等施加决定性影响的，仍然构成"控制"。

（二）投资自由化与东道国管辖权的平衡

从法律上讲，东道国对于外国投资的限制是符合国家属地主权原则的合法行为。从国际法角度看，一个主权国家根据国家的属地管辖权拥有管制或禁止国投资进入该国领土或设立永久性"商业存在"（business presence）的绝对权利。1974 年 12 月 12 日，联合国大会第 29 届会议通过了《各国经济权利和义务宪章》，它明确记载和肯定了第三世界众多发展中国家关于建立国际经济新秩序的各项要求，包括关于确认和维护各国经济主权的主张。其中第 1 条即明确："每一个国家都享有独立自主和不容剥夺的权利，可以根据本国人民的愿望，不仅选择本国的政治、社会和文化制度，而且选择本国的经济制度，不受任何形式的外来干涉、压制和威胁。"第 2 条则在第 1 条强调了各国经济上独立自主的基础上，提出和概括了经济主权的主要内容：不仅对本国境内的一切财富、一切自然资源享有完全的永久主权，而且对境内的一切经济活动享有完整的永久主权。1962 年 12 月，联合国大会第 17 届会议通过了第 1803 号决议，即《关于自然资源永久主权的宣言》。其中第四部分除宣言一般地宣告各国对境内的一切经济活动享有完全的永久主权外，还特别强调指出："接纳跨国公司从事经营活动的，根据它们所拥有的完整主权，可以采取各种有利于本国经济的措施来管制和监督这些跨国公司的活动。"

就投资准入而言,各国都普遍承认,东道国可以自主地决定是否允许外资以及以何种条件进入本国投资,这是一个国内法的问题。事实上,为了维护国家主权和经济利益,促使外国投资符合本国经济发展目标的客观要求,几乎所有的东道国都在积极引进外资的同时,依照法律对外国投资者的投资活动予以适当的、合理的限制。外资准入法律管制的内容取决于一国国内法。各国对外资准入的管制主要体现在两个方面:一是各国都规定了禁止或限制外资进入的领域;二是各国一般都规定了外资准入的资格条件,包括东道国对外国投资领域的开放程度、投资比例的规定、根据特定的经济和社会标准对外资准入设置审查与批准制度等。由于各国经济发展水平和在国际投资活动中所处的地位的不同,东道国对外资准入管制的程度也有所不同。一般而言,发展中国家对外资准入管制的法律规定较发达国家要严格。即便是在发达国家内部,也没有任何一国完全放弃对外资准入活动的管制,只是管制措施与法律规定在程度上有所差别而已。[13]

近几年,随着可持续发展理念的兴起,人们也日益认识到国际投资法的本质和贸易是有区别的,国际投资法更关注责任和利益的平衡。传统上深受自由主义影响的片面强调投资保护和投资自由的国际投资法体系正在逐渐向类似 WTO 法律的嵌入式自由主义转变,即自由主义借助嵌入使公共监管能够符合国内稳定利益的更广泛的框架中,从而达到自由与监管的平衡。[14]嵌入式自由主义是约翰·鲁杰提出的,指具有国家干预性质的自由主义。[15] WTO 既确立了削减贸易壁垒和取消歧视待遇的原则,同时又规定了保障和例外条款,其目的就在于促进国际贸易的发展、维持贸易收支的平衡以及确保国内经济的稳定。现代投资条约的主要目的是确保东道国为外国投资者及其投资提供一个稳定透明的法律框架,为外国投资者及其投资提供充分有效的国际法保护,试图在促进贸易自由化和保障公共利益的监管措施间实现平衡。联合国贸易和发展会议提出的新一代投资政策框架就明确体现了这一趋势,强调资本对社会的义务和责任,强调国家安全、金融审慎、环境保护、劳工保障等,以此来保障东道国对重要领域的国内监管权。

二、知识产权保护对国际直接投资的影响

影响国际直接投资的因素很多,从世界银行发布的营商环境报告看,投资者可能会考虑东道国的自然资源、基础设施、社会安全、政府服务、政策法律以及劳动力成本等因素。知识产权保护具有的排他性赋予了跨国公司垄断优势,因此跨国公司在对外投资中都非常注重知识产权,关注东道国对知识产权的保护。而东道国特别是发展中国家正需要科技创新来推动经济的发展,也非常重视知识产权的转让问题。对知识产权保护的差异性影响着本国和本地区的创新能力以及对外资的吸引力。

(一)跨国公司对东道国知识产权保护的要求

由于知识产权保护有地域性的限制,各国对知识产权保护的程度不同。跨国公司在投资前,主要考察东道国对知识产权保护的两个问题:一是东道国是否拥有完善的知识产权立法;二是东道国的知识产权执法情况。

首先,拥有知识产权保护立法并且相对完善是实施知识产权保护的基础。一般来说,完善的知识产权立法体系主要包括以下几个方面:

(1)知识产权法保护的客体范围是否全面。这不仅指东道国是否有专门的知识产权立法,还包括具体在每一个知识产权客体领域所保护的范围是否足够广泛。比如对商标的保护是否延伸到服务领域,数据库和计算机程序是否得到著作权的保护。知识产权的保护范围直接关系到跨国公司所拥有的知识产权能否在东道国获得知识产权的保护,因此在投资前跨国公司肯定会对自己拥有的知识产权能否得到保护予以确认。

(2)知识产权保护的规则是否合理。这里涉及知识产权使用和转让等相关问题。科技是经济发展的重要因素,因此各国都十分重视维护本国企业的知识产权,对跨国知识产权转让十分敏感。而发展中国家往往又急需更多的技术来推进本国经济的发展,因此在吸引外资的时候,可能会设立合资要求,强制要求跨国公司转让某些知识产权或者将技术转让

作为批准是否准予投资的重要因素。跨国公司可能由于不信任东道国的企业或者想继续独占享有垄断的优势而不愿意采用合资的方式，从而产生摩擦。

(3)是否有其他配套立法保驾护航。投资除了受知识产权专门立法的影响外，还受到其他相关法律法规政策规定的影响。比如公司法中关于出资方式和比例的规定关系到跨国公司可以用于出资的知识产权类型和出资比例。

如果光有立法，但执行不力，立法就会成为一纸空文。因此，跨国公司也很重视东道国的知识产权执法情况。跨国公司不仅关注东道国知识产权的相关实体法的立法是否完善合理，同时也在意当具体权利受到不法侵害时是否有民事、行政甚至刑事等合理的救济措施并能及时得到相关救济，以及救济是否公平公正，一视同仁。比如当知识产权被侵权时，是否有相关执法部门对侵权行为立即予以禁止，随后采取相应的行政处罚，或者在进行司法诉讼后，能否获得合法充分的赔偿，从而减少投资的损失。

(二)东道国对知识产权保护程度影响投资的产业结构

东道国的知识产权保护立法和执法情况在一定程度上影响着国际投资。如果东道国的知识产权保护规则不利于跨国公司的知识产权保护，那么从投资的安全性和收益性考虑，跨国公司可能会改变投资决策，考虑到其他更有利于其知识产权保护的国家进行投资。由于不同产品或服务的知识含量的差异，对知识产权保护的需求也大不一样。因此东道国对知识产权保护的力度也会影响到能吸引外资的种类，从而影响国内外投资的产业结构。

一般来说，劳动密集型产业对知识产权保护要求相对较低。纺织品、食品加工等产业的市场竞争主要依赖于低廉的成本和较大的市场需求，因此看重的是东道国廉价的劳动力成本和环境成本。资本密集型产业，如汽车制造业，虽然也涉及一些专利和外观设计的保护，但由于还需要大量资金和设备的投入，当地竞争者很难单纯依靠模仿来的技术进行生产。

而知识密集型产业,比如医药行业、计算机软件等高新技术产业对知识产权保护有着很高的要求。高新技术产业的市场竞争主要依赖技术垄断,而知识产权天生带有易被复制的缺陷。缺少知识产权的有效保护,会导致投入大量人力物力开发的新成果极易被竞争对手获得,并以较低的产品价格进入市场,使企业想通过技术垄断获得的优势荡然无存,甚至连高额的技术研发投资都无法收回,进而影响企业的进一步发展甚至生存。良好的知识产权保护对高新技术产业的发展有激励和导向作用。因此,世界各国都纷纷推出各种优惠措施支持新产业和高科技产业的发展,或者建立科技园区,对于某类急需的高科技产业予以特别支持。

不同产业对知识产权保护的需求是不同的。东道国如果对知识产权保护的力度较低,它就只能依靠廉价的劳动力和税后优惠,甚至以牺牲环境为代价来吸引劳动密集型和资本密集型产业前来投资,很难吸引到真正需要的高科技产业。相反,如果东道国的知识产权保护水平较高,并且政治稳定,基础设施配套良好,则会有更多的高新技术产业前来投资,从而优化国内的产业结构,带动国内产业的转型升级。同时,东道国的知识产权保护水平还会影响外商的投资规模:仅仅是建立产品的销售网点,还是在当地投资设立生产和制造基地,或者进一步建立研究与开发基地,实施研发、生产、销售体系化战略。

(三)东道国对知识产权的保护程度影响知识产权资本化

知识产权资本化是指投资方把投入的知识产权进行估价,以资本形式占有企业的一定股份,并利用其他投资进行生产,从而实现知识产权商业价值的产业化。首先,由于知识产权保护具有地域性特征,一项成果只有在东道国知识产权保护客体和时效的范围内,才能获得相应的保护,才能具有投资的价值。其次,东道国知识产权出资制度规定了知识产权资本化的途径。对知识产权出资的类型、比例等内容的规定直接关系到投资方的投资决策。由于知识产权具有价值高与易贬值的双重特性,因此知识产权出资的比例不易过高。虽然从理论上说我国公司法没有规定知识产权出资比例,可以100%用知识产权出资,但知识产权作为无形财产权,其本身不能单独用以生产,必须和货币或实物等有形资本相结合。同时,随着科技的发展,知识产权的实际价值可能很快会贬值,这会影响到其他投资人或者债权人的利益。最后,对知识产权的评估标准,也会影响知识产权的资本化。知识产权想要作价入股,必须通过一定的评估程序,对其价值进行合理评估。因此评估标准十分重要。对同一项知识产权,采用不同的评估标准,可能最终的价值差别很大。所以,如何科学合理地设置知识产权评估标准和程序也是影响知识产权投资的一个重要问题。

第二节　在华外商投资企业知识产权保护现状

知识经济时代,企业间和国家间的竞争在很大程度上就是知识产权的竞争,因此投资商往往把东道国知识产权保护措施作为对外投资中要考虑的重要问题。同时,外资并购也可能导致原有国内驰名商标的流失以及专利权被滥用,使得国内技术停滞不前。因此,一国知识产权保护的成败得失将对国家的经济发展造成重大影响。2015年1月,联合国贸易和发展会议发布《全球投资趋势监测报告》,称中国的外资流入量首次成为全球第一。这是一个喜人的结果,但这也意味着我国对外资监管的责任更加巨大。党的十八届三中全会通过的《中共中央关于全面深化改革若干重大问题的决定》在第十二项"构建开放型经济新体制"中提出,要放宽投资准入,统一内外资法律法规,保持外资政策稳定、透明、可预期。为了更好地实施"引进来"的国际投资战略,2014年12月28日,全国人民代表大会常务委员会授权国务院在上海、广东、天津、福建自由贸易区暂时调整有关法律规定。2015年年初,《中华人民共和国外国投资法(草案征求意见稿)》向社会公开征求意见。2019年3月15日第十三届全国人民代表大会第二次会议正式通过《中华人民共和国外商投资法》,并将于2020年1月1日开始实施。

《中华人民共和国外商投资法》第二十二条明确规定:

国家保护外国投资者和外商投资企业的知识产权,保护知识产权权利人和相关权利人的合法权益;对知识产权侵权行为,严格依法追究法律责任。国家鼓励在外商投资过程中基于自愿原则和商业规则开展技术合作。技术合作的条件由投资各方遵循公平原则平等协商确定。行政机关及其工作人员不得利用行政手段强制转让技术。

第四十二条明确规定:

本法自 2020 年 1 月 1 日起施行。《中华人民共和国中外合资经营企业法》、《中华人民共和国外资企业法》、《中华人民共和国中外合作经营企业法》同时废止。

本法施行前依照《中华人民共和国中外合资经营企业法》、《中华人民共和国外资企业法》、《中华人民共和国中外合作经营企业法》设立的外商投资企业,在本法施行后五年内可以继续保留原企业组织形式等。具体实施办法由国务院规定。

一、国家知识产权战略

国家知识产权战略是指通过加快建设和不断提高知识产权的创造、运用、保护和管理能力,加快建设和不断完善现代知识产权制度,加快造就庞大的高素质知识产权人才队伍,以促进经济社会发展目标实现的一种总体谋划,是一个覆盖许多领域的一个极为重要的国家战略。美国早在 20 世纪 80 年代就已经将发展知识产权作为国家战略的一部分,积极建立和实施知识产权制度。美国实施知识产权战略的目的除了促进国家发展,更重要的是通过知识产权保护垄断技术,控制其他国家创新和学习的能力,通过在国际条约中加入高标准的知识产权保护规则来建立国际化的知识产权保护战略。2002 年 3 月,日本召开了第一次知识产权战略会议,同年通过了《知识产权战略大纲》和《知识产权基本法》,设立知识产权战略部,由首相亲自担任知识产权战略部部长,提出创造、保护、应用、人才的知识产权战略四大支柱并将"知识产权立国"作为国策。

2008 年 6 月,我国国务院颁布了《国家知识产权战略纲要》(国发〔2008〕18 号),提出"到 2020 年,把我国建设成为知识产权创造、运用、保护和管理水平较高的国家"的战略目标,确定了五个方面的战略重点:完善知识产权制度;促进知识产权创造和运用;加强知识产权保护;防止知识产权滥用;培育知识产权文化。国家知识产权战略还分别部署了专利、商标、版权、商业秘密、植物新品种、特定领域知识产权和国防知识产权领域的七个专项任务,提出了各领域要解决的突出问题和要完成的主要任务。同年,建立了国家知识产权战略实施工作部际联席会议制度,即在国务院领导下,统筹协调国家知识产权战略实施工作。联席会议成员由国务院分管副秘书长和 28 个部门分管领导组成,联席会议办公室设在国家知识产权局。2015 年 3 月 13 日,《中共中央国务院关于深化体制机制改革加快实施创新驱动发展战略的若干意见》印发,提出让知识产权制度成为激励创新的基本保障。2015 年 12 月,国务院适时发布了《国务院关于新形势下加快知识产权强国建设的若干意见》,提出深化知识产权重点领域改革,实行更加严格的知识产权保护,促进新技术、新产业、新业态蓬勃发展,提升产业国际化发展水平。2017 年 4 月 24 日,最高人民法院首次发布《中国知识产权司法保护纲要》,探索建立对专利权、著作权等知识产权侵权的惩罚性赔偿制度。在这 10 年期间,我国修订、制定了多个涉及商标、版权、专利以及海关知识产权保护等方面的法律、法规、规章和管理办法。在执法方面,我国针对知识产权侵权假冒等行为在全国开展了多个专项整治行动。

目前,我国的知识产权事业正在由注重知识产权数量发展到提升知识产权质量,由激励知识产权创造发展到促进知识产权运用。每个国家由于政治体制、经济基础、社会环境、文化背景等方面的差异,知识产权战略目标的侧重点不同。对比中、日的知识产权战略目标,虽然两国的知识产权战略目标都关注于知识产权的创造、运用、管理与保护,但日本的知识产权战略侧重于两个方面:一是置身于全球化的国际视野,积极参与全球知识产权竞争,力图构建最先进的知识产权制度,提高日本的国际竞争力;二是考虑到大数据、人工智能、物联网等新技术带来的数字化、网络化社会变革,逐步加强内容产业和数字网络等新业态的知识产权保护与运用。中国的知识产权战略目标侧重于自身知识产权制度、知识产权战略政策等基础架构的完善,强化知识产权服务产业发展与经济进步的能力,同时加强知识产权保护,打造知识产权营商环境,激励知识产权创造。[16] 由于日本实施知识产权战略较早,我国目前的知识产权战略目标更接近于日本的第一阶段,即知识产权基础制度和保护环境的构建,更多从政府部门的角度组织实施,而在国际参与度和应对新兴产业等方面略显不足。但随着第二阶段战略推进的开始,相信中国也会逐步改变知识产权战略的侧重点,积极使用大国在国际舞台上的发言权,并实时融入新的战略目标和相匹配的政策工具。

二、影响我国知识产权保护的因素

(一)经济因素

知识产权保护与一个国家的社会经济发展水平密切相关。知识产权保护机制的建立需要投入大笔的资金,在后期的维护管理上也需要投入大量的人力、物力和财力,加上系统建设后的回报周期长、回报不明显,这些都增加了知识产权保护机制的成本。[17] 随着我国经济发展水平的日益提高,政府和企业都已充分意识到知识产权保护的重要性,因此启动了国家知识产权战略。

(二)政治因素

社会经济、历史、生产力、传统文化等多方面的因素不断变化,导致了政治制度的变化。中国原有的计划经济体制不重视市场,很多新技术发明后没能及时投入市场,无法产生较大的经济效应,也缺乏对知识产权的保护。改革开放以来,特别是加入 WTO 以后,我国改变了原有的相对封闭的社会系统,加入经济全球化的趋势中,加快了对知识产权保护的立法。发达国家的行业协会在知识产权保护上能起到积极的推进作用,而我国还没有保护知识产权的行业协会,政府对知识产权保护的作用也主要集中在监管方面,缺少激励和扶植的功能。管理部门和企业也缺乏有效的沟通渠道,企业遇到知识产权相关问题不知道该求助于哪个管理部门，管理部门由于不了解情况，也不能及时参与到相关的协调和处理中。

（三）文化因素

知识产权保护产生于欧洲工业革命，是随着西方社会的工业化发展而发展的。许多工厂生产出类似的可替代产品，使企业在发展过程中意识到商标权和专利权的重要性。同时私有财产神圣不可侵犯的私权理念也影响到西方的立法，而智力劳动成果也属于私有财产不可分割的一部分。而中国传统文化中的道德规范是重义轻利，因此，过去人们并不重视对智力成果的保护，也不重视对个人权利的保护，大部分企业和国民都没有认识到知识产权保护的重要性，既不重视尊重别人的知识产权，也不重视对自己知识产权的保护。早期，不少非物质文化遗产的配方被泄露，本属于中国特有的商业秘密被外国的企业所盗取，就是沉痛的教训。

三、在华外资企业的知识产权保护现状分析

（一）我国知识产权保护全球竞争力对比表现

在 2018 年 10 月，世界经济论坛发布的《2018 全球竞争力报告》(*The Global Competitiveness Report 2018*)①中中国大陆排名第 28 位。该项排名是根据以可公开获得的数据以及世界经济论坛与其合作伙伴机构对所涉及的国家进行的全面调查为基础而编制的全球竞争力指数（Global Competitiveness Index，GCI）来进行评定的。全球竞争力指数是"决定一个国家生产力水平的一整套政策、制度和影响因素的集合"。全球竞争力指数以 12 项主要竞争力因素（pillars of competitiveness）为衡量指标的基础，全面地反映了世界各经济体的竞争力状况。竞争力指数总分就是这些指标的综合计分结果。这些衡量指标包括法律和行政架构（institutions）、基础设施（infrastructure）、信息通信技术的使用（ICT

---

① The Global Competitiveness Report 2018，https://www.weforum.org/reports/the-global-competitveness-report-2018/（访问日期：2018 年 12 月 5 日）。

adoption)、宏观经济稳定性(macroeconomic stability)、卫生(health)、技术(skills)、产品市场(product market)、劳动力市场(labor market)、金融制度(financial system)、市场规模(market size)、商业活力(business dynamism)和创新能力(innovation capability)。其中与知识产权相关的二级指标有政府对知识产权的保护、在 R&D 上的投入、商标的应用等。以政府对知识产权保护这个二级指标为例,2017 年排名第 1 的是芬兰(6.5 分),中国香港地区排名第 9(5.9 分),中国台湾地区排名第 29(5.0 分),中国大陆排名第 49(4.5 分)。① 而 2015 年中国大陆在这个二级指标上排名第 62(4.3 分),2014 年排名第 63(4.0 分)。② 可见,从 2015 年到 2017 年,经过两年的时间,我国在知识产权保护方面的排名前进了 13 名,进步速度不可谓不快,说明我国的国家知识产权战略实施卓有成效。

2018 年 12 月 3 日,世界知识产权组织在瑞士日内瓦发布了《2018 年世界知识产权指标》(*World Intellectual Property Indicators 2018*)。③ 世界知识产权指标报告是由世界知识产权组织进行的一项有关全球知识产权活动的权威年度调查。根据世界知识产权指标年度报告,2017 年全球创新者共提交了 317 万件专利申请,连续第八年实现增长,涨幅为 5.8%。全球商标申请活动总量为 1239 万件,工业品外观设计的申请总量为 124 万件。而中国则在以上各类知识产权的申请量上均位居第一。2017 年,中国国家知识产权局受理的专利申请数量达到了创纪录的 138 万件,比上一年增加了 14.2% 的申请量,占到了全球申请量的 43%。在注册商标的申请上,中国国家知识产权局收到的申请涵盖了约 570 万类。在外观设计上,中国国家知识产权局受理了将近 64 万件专利申请,相当于全球申请量的 50.6%。随着国家知识产权战略的深入实施,我国的专

---

① The Global Competitiveness Report 2018, http://reports. weforum. org/global-competitiveness-report-2018/competitiveness-rankings/ # series = EOSQ052(访问日期: 2018 年 12 月 5 日)。

② 《2016—2017 年全球竞争力报告》述评,国家知识产权局,http://www. sipo. gov. cn/gwyzscqzlssgzbjlxkybgs/zlyj_zlbgs/1062654. htm,(访问日期:2019 年 1 月 5 日)。

③ World Intellectual Property Indicators 2018, https://www. wipo. int/edocs/pubdocs/en/wipo_pub_941_2018. pdf,(访问日期:2019 年 1 月 5 日)。

利、商标、工业设计等知识产权的申请量迅速增长,已遥遥领先于其他国家甚至美国的同类申请量。但在境外专利申请活动方面,美国仍然以230931件同等专利申请领先,中国排在美、日、德、韩之后。

(二)我国外商投资企业设立和运营现状

作为发展中国家,我国一直是个资本输入大国,积极引进外资,甚至有一阶段曾赋予外国投资者所谓"超国民待遇"。但同时,在某些领域,对外资的设立条件比较苛刻。根据《2018世界投资报告》,2017年,外国直接投资的全球流动率下降了23%,发达国家的跨境投资急剧下降,发展中国家也基本没有增长。这一负面趋势受到了世界各国政策制定者的关注。特别是就发展中国家来说,国际投资对于可持续工业的发展来说是不可或缺的。①

从利用外资的总体情况看,目前我国吸引外资的势头继续保持良好。联合国贸易和发展会议最新发布的《全球投资趋势监测报告》显示,2018年全球外国直接投资继续下滑,跌至国际金融危机后的最低水平,而中国吸收外资水平却稳步上升。我国商务部发布的最新数据显示,2018年中国实际使用外资8856.1亿元,同比增长0.9%,表明中国引资魅力不减。2018年1—12月,全国新设立外商投资企业60533家,同比增长69.8%;实际使用外资金额1349.7亿美元,同比增长3%。[18]从投资方式看,这些外商投资企业中有中外合资企业10170家、中外合作企业107家、外资企业50106家、外商投资股份制企业129家、合作开发企业1家,合伙企业20家。② 2018年,中国取消船舶、飞机等重大技术装备领域外资股比限制,明确了汽车行业对外资全面开放时间表,一般制造业基本实现全面对外开放。2018年1月7日,特斯拉超级工厂在上海开工建设,这是第一个获批在中国独资建厂的外资车企。2018年1月29日,英国石油公司

---

① World Investment Report 2018: Investment and New Industrial Policies United Nations Publication, Sales No. E. 18. II. D. 4, p. xi.

② 《吸收外商直接投资按投资方式统计》,http://data. mofcom. gov. cnlywzinsty. shtml(访问日期:2019年1月15日)。

(BP)与东明石化的合资公司成立的首家全新品牌加油站亮相山东,英国石油未来5年在中国新增1000家加油站的计划正式启动。荷兰皇家飞利浦公司1985年在中国设立了第一家合资公司。目前,已有约43.2万件飞利浦医疗设备和软件在中国医院完成装机,覆盖全国近5000家医院。飞利浦大中华区首席执行官何国伟说:"中国已经成为飞利浦全球第二大市场。中国不仅是飞利浦的产品销售市场,更是其重要的价值中心。"中国已经成为通用电气公司除了美国本土以外的最大单一国家市场。通用电气在中国有2万多名员工、30多家制造基地。其2017年的订单量超过80亿美元,本土采购额超过60亿美元。"近年来,中国市场对在华外资企业全球业绩增量的贡献越来越大。"商务部研究院国际市场研究所副所长白明说。[19]

但我国是一个区域经济发展不平衡的大国,东部和中西部人力资源、物质资源和市场进程化的条件差异较大,各地区的知识产权保护水平也各不相同。根据《2017全国知识产权发展状况报告》,粤、京、沪、浙的综合发展指数位居前列。① 《2018中国创新城市评价报告》根据创新条件、创新投资、创新活动和创新影响4个模块和32个指标进行综合评价,对我国20个主要创新城市进行了评价。结果显示,前四大城市为北京、深圳、上海和南京,创新总指数高于20城市平均水平。目前我国的外资企业大多数处于东部沿海和北、上、广这些一线城市。2018年1—12月长江经济带区域新设立外商投资企业15271家,同比增长21.8%,实际使用外资651.8亿美元,同比增长9.5%。[18]也就是说,长江经济带区域新设立外商投资企业实际使用的外资达到了全国总额的将近一半。截至2016年,我国东部、中部和西部地区外商直接投资情况为:东部地区企业数864503家,实际使用外资15084.05亿美元,占到全国比重的80.46%;中部地区外商投资企业数为89091家,实际使用外资1409.82亿美元,占到全国比重的7.52%;西部地区企业数49604家,实际使用外资1189.34

---

① 《2017全国知识产权发展状况报告》,http://www.sipo.gov.cndocs2018062616 3309943315.pdf(访问日期:2019年1月15日)。

亿美元,占到全国比重的 6.34%。①

另外,从投资行业看,商务部的统计数据显示,2016 年我国外商直接投资行业前几位的产业分别是:制造业(26.54%)、房地产业(14.70%)、金融业(13.46%)、租赁和商务服务业(12.06%)、批发和零售业(11.87%)、信息传输、计算机服务和软件(6.31%)、科学研究、技术服务和地质勘查业(4.88%)。②

(三)外商投资保护和促进相关立法

目前,我国正在实施准入前国民待遇加负面清单模式。有关外资准入的特别法律、法规主要有:《中华人民共和国中外合资经营企业法》及其实施条例、《中华人民共和国中外合作经营企业法》及其实施细则、《中华人民共和国外资企业法》及其实施细则、《中华人民共和国企业所得税法》及其实施细则、《指导外商投资方向规定》、《外商投资产业指导目录》、《中西部地区外商投资优势产业目录》、《中华人民共和国台湾同胞投资保护法》及其实施细则、《关于外国投资者并购境内企业的规定》、《关于外商投资举办投资性公司的规定》、《关于设立外商投资股份有限公司若干问题的暂行规定》、《外商投资创业投资企业管理规定》、《外国投资者对上市公司战略投资管理办法》等。其他涉及外资准入的一般性法律法规有:《中华人民共和国公司法》《中华人民共和国合同法》《中华人民共和国保险法》《中华人民共和国仲裁法》《中华人民共和国劳动法》《中华人民共和国外汇管理条例》,以及关于增值税、消费税、营业税等涉外税收的暂行条例及其实施细则。[20]其中,《中华人民共和国中外合资经营企业法》《中华人民共和国外资企业法》《中华人民共和国中外合作经营企业法》将于 2020 年 1 月 1 日废止。2019 年 2 月 1 日,国家发展改革委、商务部会同有关方

---

① 中华人民共和国商务部:《2017 年中国外资统计》http://www.fdi.gov.cn/1800000121_33_9322_0_7.html? style=1800000121-33-10000318,P24(访问日期:2019 年 1 月 15 日)。

② 中华人民共和国商务部:《2017 年中国外资统计》http://www.fdi.gov.cn/1800000121_33_9322_0_7.html? style=1800000121-33-10000318,P19(访问日期:2019 年 1 月 15 日)。

面开展了《外商投资产业指导目录》《中西部地区外商投资优势产业目录》修订工作,并在合并两个目录的基础上形成了新的《鼓励外商投资产业目录(征求意见稿)》,向社会公开征求意见。《鼓励外商投资产业目录(征求意见稿)》包括两部分:一是全国鼓励外商投资产业目录,是对现行《外商投资产业指导目录》鼓励类的修订,适用于各省(区、市)的外商投资;二是中西部地区外商投资优势产业目录,是对现行《中西部地区外商投资优势产业目录》的修订,适用于中西部地区、东北地区及海南省的外商投资。从具体的目录内容看,目前我国积极鼓励外商投资更多投向现代农业、先进制造、高新技术、现代服务业等领域,充分发挥外资在传统产业转型升级、新兴产业发展中的作用,促进经济高质量发展。

第三节　外商投资企业知识产权保护困境

一、技术转移问题

2012 年 2 月 9 日,商务部部长陈德铭接受了美国彭博新闻社记者的书面专访,表示中国已经取消了涉及技术转让的强制性要求,不会将技术转让作为市场准入的前提条件。[21] 2012 年习近平在美国访问期间,又重申了技术转让和技术合作将由企业独立决定,不会被中国政府用作市场准入的前提条件。在 2012 年 12 月的中美商贸联委会会议上,中国再次确认,将及时纠正与此承诺不一致的任何措施。① 但美国公司认为,虽然中国政府已经在立法上取消强制性技术转让要求,但在具体外资准入审查时,是否技术转让和使用本地成分仍是政府官员是否批准或者同意企

---

① Investment Climate Statements for 2016, China, at http://www. state. gov/e/eb/rls/othr/ics/investmentclimatestatements/index. htm? year = 2016&dlid = 254271, Oct. 25, 2017.

业获得中国政策银行贷款的重要因素。① 因此,在这种明显带有歧视性待遇的情况下,鼓励政策事实上变相成为强制性政策。②

东道国往往很重视技术转移问题,因为只有获得国外先进技术并在此基础上进行创新,才能真正走上本国经济的发展之路。但外国投资者对于技术转让是十分谨慎的,其将技术转让给发展中国家的目的并不是要帮助发展中国家提高技术水平和发展经济,而是出于自身利益的考虑。[22]因此,跨国公司更偏向于让技术转让内部化,即通过在外国设立大量的独资公司,将技术在内部转移,以便保护自己的技术专有权和技术垄断地位,避免技术在东道国扩散,从而减少交易风险和费用。[23]但反过来说,投资者义务太多可能使投资环境不太友好,从而导致外国直接投资流入减少。[24]这种下降不仅会阻碍经济增长,而且还会降低东道国政府潜在获取与既定投资者义务相关的利益的能力。[25]比如,一个国家对投资准入附加了技术转让要求,根据该要求,投资者必须得到当地生产者的许可才可使用其技术,那么外国投资者可能会选择使用陈旧、低效的技术。或者,投资者可能会寻求去其他国家投资。因此,东道国在国内法中纳入这一技术转让要求不仅没能获得潜在的技术效益,反而可能失去投资。[26]

针对技术转让问题,我国应从以下两方面进行改善:一是继续修改国内的法律法规以及相关政策,使其符合国际法或者国际惯例。虽然我国在加入 WTO 后已经对相关立法做了大量的修改,但事实上,在某些方面我国的法律法规仍存在一些不符合国际法或者国际惯例的地方。2014年国务院办公厅印发了《关于进一步加强贸易政策合规工作的通知》,规定由商务部负责接收世界贸易组织成员对国务院各部门、地方各级人民

---

① United States Trade Representative, 2015 Report to Congress On China's WTO Compliance, December 2015, p. 96, at https://ustr. gov/sites/default/files/2015-Report-to-Congress-China-WTO-Compliance. pdf, Oct. 25, 2016.

② United States Trade Representative, 2015 Report to Congress On China's WTO Compliance, December 2015, p. 96, at https://ustr. gov/sites/default/files/2015-Report-to-Congress-China-WTO-Compliance. pdf, Oct. 25, 2016.

政府及其部门制定的贸易政策提出的书面意见。① 同年,商务部公布《贸易政策合规工作实施办法(试行)》。② 各级政府部门在制定和实施相关政策时,应当进行 WTO 合规性评估,且应视情况征求商务部的意见。二是更多采用激励性措施。所谓激励性措施(incentives)是指东道国为了鼓励企业以一定方式行事,而给予特定企业或特定类别企业的任何明显的经济优惠。我国采用税收优惠政策就属于其中的财政激励措施。目前,不论是发展中国家还是发达国家,都会为了吸引外资而采取各种激励性措施。比如美国就在其联邦层面推出了 72 项投资激励措施,涉及教育培训、就业、清洁能源、可再生能源、环境、科研、纺织品出口促进等各项领域。③ 因此,我国也可以通过设置各种激励性的优惠条件,在自愿的情况下,鼓励外国投资者进行技术转让或使用本国技术。

二、国家安全审查问题

2014 年 12 月,中国银监会发布了《银行业信息技术资产分类目录和安全可控指标》,对银行金融机构使用的信息技术设备和服务提出了具体的安全可控要求。④ 其中对大部分的技术设备,要求随机软件拥有自主知识产权,而且软件源代码需报银监会备案,并且对新增设备和软件符合安全可控要求的比例提出了较高的要求。美国认为这些措施是对银行部门使用的信息和电信设备提出了本地成分要求,将严重限制许多外国信息和通信技术产品进入中国银行业。作为回应,中国强调必须保护银行部门的安全,并补充说,许多国家已经颁布了类似的立法,世贸组织允许

---

① 2014 年 6 月 9 日,《国务院办公厅关于进一步加强贸易政策合规工作的通知》,国办发〔2014〕29 号。

② 2014 年 12 月 12 日,《贸易政策合规工作实施办法(试行)》,商务部公告 2014 年第 86 号。

③ 美国联邦政府激励机制,详见"选择美国"Select USA, at https://www.selectusa.gov/federal_incentives, Oct. 25, 2016.

④ 《银行业应用安全可控信息技术推进指南(2014—2015 年度)》,银监办发〔2014〕317 号。

成员酌情采取措施改善网络安全。[①]

国家基于主权原则建立了对外资的安全审查制度,但也产生了很多新的问题。各国虽然都使用"国家安全"(national security)的提法,但定义不完全相同。从国内政策来说,国家安全是个相对狭窄的概念,而真正涉及的安全产业范围却相对宽泛得多。东道国在进行国家安全审查时可能会考虑拟进行的投资交易对公共安全、社会秩序、媒体的多元化、国家战略利益、外交关系、国家秘密的泄露、领土完整、国家的独立、对公民权利和自由的保护、公共采购以及与恐怖主义有关问题的影响。[②] 产业安全是一个国家经济发展的基础,所有的国家都确立了需要保护的重点产业,禁止或限制外国投资者进入某些产业。这里的产业安全只限于基于国家安全考虑而有必要保护的产业,而非庇护一般意义上的应完全由市场调节的幼稚产业在发展过程中免于自由市场竞争。根据 2008 年 11 月美国外国投资委员会颁布的《国家安全审查指南》,以下行业的并购可能威胁美国国家安全:能源领域、运输系统、金融系统、关键性基础设施和关键技术。现代战争是高科技和信息技术的战争,技术对于国防安全的维护具有关键意义。因此,知识产权涉及的专利技术常常会因为国家安全审查而受到限制,可能被禁止跨国并购东道国企业的技术,也可能在东道国被禁止使用外国投资者的技术。

三、商业秘密保护问题

2017 年 4 月 28 日,美国贸易代表办公室(USTR)发布了 2017 年度《特别 301 报告》(*Special 301 Report*),对与美国有贸易关系国家的知识产权状况进行了审议和评价。报告中对中国的商业秘密保护状况进行了评价,称商业秘密保护是中国最紧迫的问题之一,中国在商业秘密的保护

[①] Investment Climate Statements for 2016, China, at http://www.state.gov/e/eb/rls/othr/ics/investmentclimatestatements/index.htm? year = 2016&dlid = 254271, Oct. 25, 2017.

[②] World Investment Report 2016, United Nations Publication, Sales No. E. 16. II. D. 4, p. 95.

和执法之间存在重大差距。盗窃商业秘密可能发生在多种情形下,如离职的员工带走含有商业秘密的便携式储存设备、合资失败、网络入侵和黑客攻击、滥用商业秘密所有人为履行监管规定向政府提交的商业秘密信息。在实践中,商业秘密被盗后很难获得有效的救济。虽然根据 TIPRS 协议,商业秘密属于知识产权保护的范畴,但我国目前缺少保护商业秘密的专门立法,而是把商业秘密保护放在反不正当竞争法中,把盗窃商业秘密作为一种不正当竞争行为来处理。这不利于商业秘密的保护。根据"商密卫士——中国商业秘密保护网"公布的商业秘密综合风险统计结果,以 2018 年第 4 季度的数据为例,我国企业的商业秘密平均泄密风险指数为 93%,平均商业秘密资产重要指数为 81%,而平均保护能力指数不到 33%。[27]可见我国 81% 的企业存在重要的商业秘密,但 93% 的企业存在极高的泄密风险,只有三分之一的企业有保护商业秘密的能力。

《中华人民共和国反不正当竞争法》第九条规定,商业秘密是指不为公众所知悉、具有商业价值并经权利人采取相应保护措施的技术信息和经营信息。可见商业秘密既包括技术信息又包含经营信息,必须具有现实或者潜在的商业价值。技术秘密具有技术性特征,但未取得专利,所以不受专利法的保护。可以作为技术秘密的主要包括以下两种:一种是本身不具备专利条件,但具有较高实用价值的技术,比如我国《专利法》规定的科学发现、智力活动的规则和方法、疾病的诊断和治疗方法、动植物品种等;另一种是具备申请专利的条件,但当事人尚未申请或想取得比专利更长久的保护而不愿意申请专利。经营秘密虽然不具有技术性,但具有经营管理信息,比如客户名册、经营战略、原材料交割、流通渠道、投资计划等,都可能构成经营秘密。《中华人民共和国反不正当竞争法》第九条规定:

> 经营者不得实施下列侵犯商业秘密的行为:(一)以盗窃、贿赂、欺诈、胁迫或者其他不正当手段获取权利人的商业秘密;(二)披露、使用或者允许他人使用以前项手段获取的权利人的商业秘密;(三)违反约定或者违反权利人有关保守商业秘密的要求,披露、使用或者允许他人使用其所掌握的商业秘密。第三人明知或者应知商业秘密权利人的员工、前员工或者其他单位、个人实施前款所列违法行为,

仍获取、披露、使用或者允许他人使用该商业秘密的,视为侵犯商业秘密。

从法条可以看出,侵犯商业秘密必须是主观故意或者有过错,以不正当手段获取或披露、使用以不正当手段获取的商业秘密,或者是明知违法获取仍披露、使用或者允许他人使用。如果行为人主观上没有过错,就不需要承担责任。比如按照最高人民法院的司法解释,通过反求工程等方式获得的商业秘密,不认定为侵犯商业秘密的行为。我国对商业秘密保护的不足,可能导致医药和化工产业的外商投资企业因为担心其技术秘密在我国得不到有效的保护,从而限制对我国医药化工等高新技术领域的投资。

四、知识产权保护执行问题

执法难是各国都存在的问题,好不容易法院判决胜诉了,还要看最终能否执行到位;虽然有法可依,但相关执法机关是否有法必依、执法必严,也可能存在问题。在知识产权领域也有类似问题。2018 年 4 月国家知识产权局发布了《2017 年中国知识产权保护状况》白皮书。数据显示,2017 年全国专利行政执法办案量 6.7 万件,同比增长 36.3%;商标行政执法办案量 3.01 万件,涉案金额 3.33 亿元;版权部门查处侵权盗版案件 3100 余件,收缴盗版制品 605 万件;海关查获进出口侵权货物 1.92 万批次,涉及侵权货物 4095 万件,案值 1.82 亿元。全国法院新收知识产权民事、行政、刑事一审案件 21.35 万件,审结 20.30 万件,分别同比增长 40.37% 和 38.38%。检察机关共批准逮捕涉及侵犯知识产权犯罪案件 2510 件 4272 人,起诉 3880 件 7157 人。公安机关共破获侵犯知识产权和制售假冒伪劣商品犯罪案件 1.7 万起,涉案金额 64.6 亿元,挂牌督办 44 起重大侵犯知识产权犯罪案件。

从上述案件量和涉案金额可以看出我国知识产权保护形势的严峻。可就算案件最终审结,民事案件中受害人能否得到最终赔偿,赔偿金额是否充分,仍然存在疑虑。而且,我国行政执法的程序、责任和救济制度尚不完善,行政执法部门分散,专利、版权、市场监督部门、海关在执法时各自为政,效率不高。显然,在网络技术高速发展的今天,传统的执法模式已大大滞后。因此,传统的执法观念和执法手段都急需更新。关于知识产权的司法保护和行政执法具体存在的问题和更新建议将在后面的章节中进一步地展开,这也是本书的重点所在。

第三章 传统知识产权保护手段分析

第一节 知识产权保护手段简介

一、公权力保护模式的转变

外商在选择投资目标国时主要关注两方面的问题：一是目标国是否拥有完善的知识产权法律体系；二是目标国的知识产权实际保护情况。知识产权作为一种私有财产权，世界各国一般都将它和其他私权一样，采用单一的司法途径予以保护，即知识产权所有人如果觉得自身的知识产权被侵犯了，则有权利去法院提起民事诉讼，要求侵权人停止侵权，并赔偿相应的损失。但知识产权的非物质性是区别于其他财产权利的本质特性，其保护也必然会受到这一特征的影响。知识产权是由国家通过立法创设的法定权利，其实体法规范界定的权利范围确定了智力成果受保护的范围。但是，经实体法界定的知识产权范围并不绝对清晰，其客体的无形性导致知识产权易受侵犯同时易被滥用，因此必须同时通过执法为其提供强制的权利实现和救济。知识产权保护不同于其他财产权保护，它必须有公权力的介入。通过行政管理手段由行政执法机关查处知识产权侵权行为是我国知识产权保护的一大特色。行政查处和调解具有简单高效、立竿见影的特点，很大程度上也减轻了司法保护的压力。因此，我国目前从公权力角度对知识产权采用司法保护和行政保护的"双轨制"保护模式是十分有必要的。

在 2008 年《国家知识产权战略纲要》颁布之前,我国主要采取的是"点对点"式公权力保护。立法、司法、行政执法主体等公权力主体运用我国民法通则、刑法、反不正当竞争法以及知识产权单行法从不同角度对知识产权予以保护。实践中对知识产权的保护主要体现在确权保护和侵权保护两方面。但无论哪种保护,都需要借助公权力机关来完成。但公权力的过多干预,可能会导致滋生腐败、权力滥用,反而与知识产权保护背道而驰。而且公权力的救济往往是事后救济,对于企业来说,解决纠纷的最佳方式往往不是诉讼,而是避免纠纷的产生。《国家知识产权战略纲要》确立了市场主体"创造、运用、保护和管理"知识产权的方式。政府已经意识到知识产权的主体应该是企业,应该由企业为主导。保护不仅仅在于知识产权被侵犯后的法律保护,更需要企业自身对知识产权保护意识的培养以及全社会的诚信建设。

司法保护和行政执法保护这两种模式将在后面的第二节和第三节予以重点展开。除了这两种公权力保护模式外,目前企业还有更多的自力救济的自我保护方式,比如通过订立保密协议保护企业的知识产权,还有仲裁、行业协会调解等多元化争端解决方式。

二、技术加密措施和保密协议

知识产权作为一种财产权,采用私权最普遍的保护方式是对知识产权本身采取技术加密措施来自力救济,以保护企业的知识产权不为外人所知,或者与相关知情者签订技术保密协议,从而防止秘密外泄,比如在劳动合同中加入知识产权保护协议。首先,所有的知识产权转让和许可必须采用书面形式。我国的著作权实施条例、专利法、商标法都明确规定了知识产权转让和许可必须采用书面形式。比如《中华人民共和国专利法》第十条规定:

> 转让专利申请权或者专利权的,当事人应当订立书面合同,并向国务院专利行政部门登记,由国务院专利行政部门予以公告。专利申请权或者专利权的转让自登记之日起生效。

其次,针对尚未获得专利权的技术信息和经营信息,宜采用合同方式进行保护。一开始就应在相关合同中加入商业秘密保护条款,对于企业尚未获得专利权保护的专有技术和经营信息予以更全面的保护。由于我国没有专门就商业秘密立法,因此对于未取得专利权的商业秘密,司法保护常常很难,因为去法院起诉涉及举证问题。按照民事诉讼法的一般举证原则,应由原告即知识产权所有人举证被告侵犯了其知识产权。但由于知识产权的无形性和易复制性,作为商业秘密的技术信息和经营信息一旦泄露,是很难进行举证的。如果想采用行政保护,去行政部门举报,也需要证明对方确实以不正当手段获取或披露、使用以不正当手段获取的商业秘密或者是明知违法获取仍披露、使用或者允许他人使用自己的商业秘密。因此,首先应尽量采取技术加密措施来保护知识产权不会轻易地被外人盗取,同时在有限知情的范围内,通过在相关合同中加入知识产权保密协议,避免员工在工作过程中或者合同相对人将合同谈判中的部分内容披露、使用或者允许他人使用。

可口可乐公司对可口可乐配方的保护就是成功保护商业秘密的典型。[28]作为全球最大的饮料公司,可口可乐公司旗下拥有 500 多个饮料品牌,每天为 200 多个国家和地区提供约 19 亿杯饮料,对此,已有长达 130 多年的可乐"神秘配方"功不可没。可口可乐公司申请了很多商标和专利,唯独可口可乐配方是作为商业秘密保护的。法国一家报纸曾打趣道:"世界上有三个秘密是为世人所不知的,那就是英国女王的财富、巴西球星罗纳尔多的体重和可口可乐的秘方。"可口可乐公司通过多种方式来保护可口可乐配方。首先,所有新员工入职均要进行严格的培训,可接触到配方的员工均被要求签署"绝不泄密"的协议,且可口可乐公司向来不欢迎"空降兵",绝大多数人在提升到重要岗位之前,都已经在可口可乐工作过很长时间。其次,可口可乐原浆配方被分成 7 个部分分别装在 7 个保险柜里,锁着 7 道锁。公司只有不到 10 个人知道配方中的 1 个部分,且对其他 6 个部分的内容一无所知,同时每个人都与公司签订了"绝不泄密"的协议。开启保险库必须先提出申请,经银行董事会批准,才能在监督人员在场的情况下在指定的时间内打开。再次,可口可乐开创了"出售原浆+转让瓶装特许权"的特许经营模式,即获得其生产许可的世界各地厂家只能得到浓缩的原浆,以及从将原浆配成可口可乐成品的技术和方法,却得不到原浆的配制方法。最后,可口可乐公司宁愿违抗政府的命令,退出市场,也不肯公开配方。如 1977 年,由于印度政府勒令可口可乐公司必须公布可口可乐的全部成分,可口可乐公司选择退出印度市场。

三、商事仲裁

大量的知识产权纠纷涌向法院,导致法院的案件受理量日益增加,几近饱和,因此我国也在积极探索双轨制之外的其他纠纷解决机制。仲裁,作为一种民间纠纷解决机制,具有专业性、灵活性、保密性等优点,其裁决又具有法律拘束力,一直被认为是诉讼途径之外的解决民事纠纷的有效渠道。而且因其不像法院诉讼代表了一国的司法主权,许多外资企业尤其喜欢通过仲裁解决争端,以方便它们自由选择仲裁地、仲裁员和适用的法律。自 2006 年厦门仲裁委员会成立国内首个知识产权仲裁中心以来,目前,我国已经有 7 个城市设立了知识产权仲裁专门机构。最高人民法院也先后出台司法解释,要求法院和仲裁有效衔接。但知识产权仲裁有其特殊性。一般认为,在知识产权合同纠纷和侵权纠纷中,当事人如果在合同中约定由仲裁机构来进行争议的解决,或者在纠纷发生之后协商一致提交仲裁解决,则可以适用以仲裁解决纠纷;但如果涉及知识产权的人身属性,则不具有适裁性,不能提交仲裁机构解决。而对于知识产权的权属性纠纷是否可以提交仲裁解决,我国法律没有明确规定。一般认为知识产权确权的权力在行政机关手中,比如国家专利局对专利申请的管理,因此,知识产权的权属认定具有较浓厚的"公法"色彩,所以不适合提交仲裁解决。因此,有必要在立法上明确知识产权纠纷的仲裁范围,明确在何种领域内允许当事人自由决定是否提交仲裁解决,既保障当事人的权利,又减轻法院的负担。

四、行业协会调解等多元化争端解决方式

目前,我国也正在积极探索和建立健全多元化纠纷解决机制。多元

化纠纷解决机制建设对提高知识产权保护的质量和效率具有重要的现实意义,是对司法和行政保护手段的补充。如果当事人的知识产权纠纷经过调解就得到妥善解决,则无须进入诉讼。在一直以和为贵的中国,调解这一手段适用的前景还是非常可观的。目前,北京法院加强与北京市保护知识产权举报投诉服务中心、中国互联网协会调解中心等相关单位对接,充分调动行政调解、行业调解、人民调解组织的力量,推进纠纷的和解和解决。上海知识产权法院与中国互联网协会调解中心、上海市软件行业协会、上海市生物医药行业协会、市工商联民商事人民调解委员会、东方公证处等 10 家社会组织和机构建立诉讼与非诉讼相衔接的多元化纠纷解决合作机制,推进诉前调解、诉调对接,形成优势互补、资源共享的多元化纠纷解决机制。2017 年一年,该院经双方当事人同意进入诉前调解的案件 96 件,调解成功 23 件。福建法院注重发挥行业协会和科技专家的专业技术优势,实施委托调解、行业调解、科技专家调解,发挥其协同解决知识产权纠纷的作用,公正、有效地解决了一大批案件。但调解结果毕竟不具有法律约束力,履行也是建立在当事人自愿的基础上,因此可能存在事后反悔、不予履行等问题。

第二节 知识产权的司法保护

一、知识产权司法保护现状

目前我国已经建立了一个相对完善的知识产权司法保护体系,有一整套的知识产权实体法及其相应的程序法,高校中也专门设有知识产权法硕士和博士研究生的培养方向,为建设一批具有良好专业知识背景的知识产权法官创造了有利的条件。同时,我国目前正在逐步建立知识产权专门法庭,截至 2018 年 5 月,我国已在北京、上海、广州、南京、苏州、成都、武汉、杭州、宁波、合肥、福州、济南、青岛、深圳、天津、郑州、长沙、西安等地建立了 18 个知识产权法庭,有效地提升了知识产权专业化审判水平。2017 年 4 月最高人民法院发布的《中国知识产权司法保护状况》指出,2016 年,全国各地人民法院新收知识产权民事、行政和刑事案件数量大幅增加,其中,一审案件 152072 件,比 2015 年上升 16.80%。知识产权民事一审案件上升幅度最为明显,达到 24.82%。北京、上海、江苏、浙江、广东五省市法院收案数量一直保持高位运行态势,新收各类知识产权案件数合计 107011 件,占全国法院的 70.37%。同时,2016 年全国各地法院全年共审结涉外知识产权民事一审案件 1667 件,同比上升 25.62%。[①]

二、知识产权司法保护纲要

2017 年 4 月 24 日,最高人民法院发布了《中国知识产权司法保护纲要(2016—2020)》(以下简称《纲要》)。[②]

《纲要》首先回顾了我国知识产权司法保护 30 多年的发展历程:从 1985 年至 2016 年,人民法院受理知识产权民事一审案件 792851 件,审结 766101 件;1995 年,最高人民法院成立知识产权审判庭,2014 年起,在北京、广州、上海、南京、苏州、成都、武汉、杭州、宁波、合肥、福州、济南、青岛、深圳、天津、郑州、长沙、西安等市知识产权专门审判机构先后设立;目前,全国法院共有知识产权法官及法官助理、技术调查官、书记员等 5000 余人;1985 年至 2016 年,共制定涉知识产权司法解释 34 个,司法政策性文件 40 多件。

接着,在坚持以马克思列宁主义、毛泽东思想、邓小平理论、"三个代表"重要思想和科学发展观为指导,全面贯彻党的十八大,深入贯彻习近平总书记系列重要讲话精神和治国理政新理念、新思想、新战略的指导思想的基础上,《纲要》提出了 8 个主要目标:建立协调开放的知识产权司法保护政策体系、明确统一的裁判标准规则体系、均衡发展的知识产权法院

---

① 《中国法院知识产权司法保护状况(2016 年)》,中华人民共和国最高人民法院,http://www.court.gov.cn/zixun-xiangqing-42362.html(访问日期:2018 年 12 月 15 日)。

② 《人民法院报》2017 年 4 月 25 日第 2 版。

体系、布局合理的案件管辖制度体系、符合知识产权案件特点的证据规则体系、科学合理的知识产权损害赔偿制度体系以及建设高素质的知识产权法官队伍、建立知识产权国际司法交流合作长效机制。然后,《纲要》又总结出 15 项重点措施:公正高效地审理各类知识产权案件;建立有效机制确保法律正确实施;全面推进知识产权民事、行政和刑事审判"三合一";不断完善知识产权案件管辖制度;适时制定知识产权诉讼证据规则;不断完善技术事实查明机制;构建以充分实现知识产权价值为导向的侵权赔偿制度;开展知识产权诉讼特别程序法问题研究;推动健全知识产权审判专门机构;研究构建知识产权案件上诉机制;积极推行知识产权案例指导制度;推动建立知识产权多元化纠纷解决机制;全面推进知识产权司法公开;继续加强国际交流与合作;建设高素质知识产权审判队伍。力争通过 5 年的努力,使知识产权司法保护体系更加完善、司法保护能力更大提升、司法保护的主导作用更加突出。

三、知识产权司法保护制度的完善

从知识产权案件的司法实践看,知识产权案件存在以下几个特点。

1. 新收案件增幅较大

根据《中国法院知识产权司法保护状况(2017)》,2017 年人民法院共新收一审、二审、申请再审等各类知识产权案件 237242 件,审结 225678 件(含旧存),比 2016 年分别上升 33.50％和 31.43％。

2. 专业性强,网络相关案件成为新类型案件

知识产权案件由于技术性和专业性较强,对于法官的业务素质要求较高。由于我国知识产权保护存在地区差异,性质相同的案件在不同地区的法院可能会出现不同的审判结果。

3. 侵权成本低,维权成本高

知识产权的无形性和易复制的特征,导致知识产权侵权容易,但维权成本却非常高。

4.举证责任难,周期长

民事诉讼案件中遵循"谁主张,谁举证"原则,而知识产权案件中存在被侵权人对侵权获利举证难,以及有的证据因由第三方掌握而不易获取等问题。

2018年2月,中共中央办公厅、国务院办公厅印发了《关于加强知识产权审判领域改革创新若干问题的意见》(以下简称《意见》)。《意见》的出台,将进一步强化知识产权司法保护的稳定性和导向性,为行业发展提供指引;将进一步强化知识产权司法保护的实效性和全面性,切实满足权利人的正当保护需求;将进一步强化知识产权司法保护的终局性和权威性,彰显法治精神。针对上述知识产权案件的特点,应从以下几方面予以完善。

(一)强化法律适用统一

《纲要》将建立"明确统一的裁判标准规则体系"作为主要目标之一,并提出要"推动健全知识产权审判专门机构;研究构建知识产权案件上诉机制;积极推行知识产权案例指导制度"等具体措施。在目前的实践中,最高人民法院主要通过五种方式保证司法统一:一是通过案件的审理来规范和监督指导下级法院统一裁判标准,通过二审、再审以及申诉案件的审理,可以纠正下级法院的一些判决不统一问题;二是通过指定司法解释,为推动知识产权法律的准确、有效实施提供了一个规范,也让下级法院在实操方面有依据;三是制定司法政策,比如《纲要》系统地提出了未来5年知识指导保护工作的主要目标和具体举措,为整个知识产权审判体系更加完善和审判能力走向成熟提供很重要的指引;四是发布知识产权指导性案例,案例制度成立以来截至2017年年底,最高人民法院一共发布了92个指导性案例,其中涉及知识产权的占了20个,占到了五分之一以上;五是不断加强对知识产权法官的培训和教育力度。同时,对社会影响大、关注度高的重大、疑难案件,最高人民法院应确立一系列裁判标准,为行业发展提供行为示范和有效指引。

为了更好地统一和规范裁判的尺度,解决由于二审管辖分散导致的终审判决法律适用标准不统一问题,2018 年 10 月 26 日下午召开的第十三届全国人大常委会第六次会议表决通过了最高人民法院提请审议的《关于专利等案件诉讼程序若干问题的决定》(以下简称《决定》)。从 2019 年 1 月 1 日起,由最高人民法院设立知识产权法庭,统一审理全国范围内专业技术性较强的专利等上诉案件。按照《决定》,当事人对发明专利、实用新型专利、植物新品种、集成电路布图设计、技术秘密、计算机软件、垄断等专业技术性较强的知识产权民事案件的第一审判决、裁定不服,提起上诉的,由最高人民法院审理。当事人对发明专利、实用新型专利、植物新品种、集成电路布图设计、技术秘密、计算机软件、垄断等专业技术性较强的知识产权行政案件第一审判决、裁定不服,提起上诉的,由最高人民法院审理。

同时,也要充分发挥知识产权专门法院和地方法院在统一裁判标准、确立裁判规则等方面的职能作用。比如上海知识产权法院出台了《侵害商业秘密纠纷审理指引》等类案裁判规则,统一相关案件的审理程序和审理思路。① 《浙江省高级人民法院关于加强我省知识产权审判领域改革创新的实施意见》指出,将定期在浙江省高级人民法院《案例指导》上发布参考性案例,完善案件质量评查、二审改判分析机制,统一裁判标准。②

(二)建立科学合理的知识产权损害赔偿制度体系

在知识产权案的实践中,赔偿低是社会上反映较为突出的问题。针对赔偿较低的问题,《纲要》做出规划——建立科学合理的知识产权损害赔偿制度体系,建立权利人被侵权所遭受的损失、侵权人获得的利益、许可费用、法定赔偿以及维权成本与知识产权价值相适应的损害赔偿制度。《纲要》中与之相匹配的重点措施是:

> 建立公平合理、比例协调的知识产权损害赔偿制度,以补偿性为

---

① 《上海知识产权法院发布 2017 年度知识产权司法保护状况白皮书》,https://www.sohu.com/a/229524399_221481(访问日期:2018 年 10 月 15 日)。

② 《浙江省高级人民法院关于加强我省知识产权审判领域改革创新的实施意见》,http://www.zjcourt.cn/art‘12/5/art_84_15493.html(访问日期:2018 年 12 月 15 日)。

主,以惩罚性为辅,让权利人利益得到赔偿,侵权人无利可图,败诉方承担维权成本。推动在著作权法、专利法和反不正当竞争法等法律中规定惩罚性赔偿制度,提高知识产权侵权的法定赔偿额。

比如上海知识产权法院积极探索知识产权知名度等市场价值因素在侵权损害赔偿确定中的作用,在广州硕星信息科技有限公司提起上诉的侵害著作权及不正当竞争纠纷案中,根据涉案游戏的知名度等因素认定侵权人承担经济损失赔偿 400 万元。同时,上海知识产权法院也依法将权利人维权的合理开支计入损害赔偿范围,由侵权败诉方承担权利人的维权成本,从而弥补了知识产权案件"侵权成本低,维权成本高"的缺点,让更多的被侵权者勇敢地拿起法律武器。比如在宁波市福达刀片有限公司提起上诉的侵害商标权纠纷案中,上海知识产权法院经审理依法改判,支持了权利人关于合理费用的诉讼请求,切实降低了维权成本。《浙江省高级人民法院关于加强我省知识产权审判领域改革创新的实施意见》提出,积极运用经济分析的思维和方法,在条件具备的情况下引导当事人通过鉴定评估的方式确定损失或获利数额,提高损害赔偿计算的科学性和可预期性,努力实现赔偿数额与知识产权市场价值的协调性和相称性,并探索创新"司法层次分析法"等适用法定赔偿方式的新思路、新做法,实现损害赔偿计算的规范性和合理性。

早在 2016 年 11 月,《中共中央国务院关于完善产权保护制度依法保护产权的意见》就明确提出了"加大知识产权侵权行为惩治力度,提高知识产权侵权法定赔偿上限,探索建立对专利权、著作权等知识产权侵权惩罚性赔偿制度","将故意侵犯知识产权行为情况纳入企业和个人信用记录"等加大知识产权保护力度的措施。比如在 SAP 股份公司起诉的侵害计算机软件著作权纠纷案中,上海知识产权法院经审理认为,虽然原告的实际损失和两被告的违法所得均难以确定,但现有证据已经可以证明原告因侵权所受到的损失超过法定赔偿数额的上限,故综合全案的证据情况,根据两被告的培训费价格、侵权行为的性质、主观状态、侵权情节及持续时间,参考原告向合作伙伴收取特许权使用费的比例等,在法定赔偿最高限额之上依法酌情合理确定赔偿数额为 155 万元。对于具有重复侵权、恶意侵权以及其他严重侵权情节的，依法加大赔偿力度，提高赔偿数额，让侵权者付出沉重代价。在卡那兹株式会社提起上诉的侵害商标权及不正当竞争纠纷案中，上海知识产权经审理认为，在已有在先判决认定相关侵权行为的情况下，侵权行为人再次实施类似行为侵害权利人与前案相同权利，构成重复侵权，应加重侵权行为人的赔偿责任，故将赔偿数额由一审判决的 3 万元改判为 12 万元。

（三）适时制定知识产权诉讼证据规则

针对知识产权案件举证责任难的问题，《纲要》指出，要建立"符合知识产权案件特点的证据规则体系"。《纲要》还提出，要根据知识产权自身的无形性、时间性和地域性等特点，借鉴发达国家和地区的经验，制定与之相适应的诉讼证据规则，引导当事人诚信诉讼。通过明确举证责任倒置等方式，合理分配举证责任，适当降低权利人举证难度。针对知识产权案件中被侵权人对侵权获利举证难，以及有的证据由第三方掌握不易获取等问题，上海知识产权法院充分发挥调查令、依职权调查取证等机制的作用，适当减轻权利人的举证负担。比如，在兄弟工业株式会社起诉的侵害发明专利权纠纷案中，上海知识法院依职权向浙江省宁波市鄞州区国家税务局调取了被告相关的销售发票，并以此为基础判令被告承担 100 万元的赔偿责任。《浙江省高级人民法院关于加强我省知识产权审判领域改革创新的实施意见》提出，应依法加大依职权调查取证的力度，充分发挥公证在知识产权案件中固定证据的作用。同时，推进知识产权诉讼诚信建设，引导当事人积极、全面、诚实地提交证据，对于有故意逾期举证、抗拒证据保全、隐匿损毁证据等行为的，应依法给予程序和实体制裁。

完善诉前、诉中证据保全制度，探索建立证据披露、证据妨碍排除等规则，明确不同诉讼程序中证据相互采信、司法鉴定效力和证明力等问题。支持当事人积极寻找证据，主动提供证据。鉴于知识产权诉讼保全具有专业性强、技术要求高的特点，上海知识产权法院正积极探索完善"法官＋执行人员＋技术专家＋技术调查官"的诉讼保全执行模式。浙江省高级人民法院在知识产权民事案件中积极推行律师调查令制度，进一步规范调查令的签发标准、调查对象、调查内容等。

要不断完善技术事实查明机制,充分运用技术调查的各种力量资源,构建有机协调的技术事实调查认定体系,提高技术事实查明的科学性、专业性和中立性,规范技术调查报告的撰写格式和采信机制。为了充分发挥专家咨询、技术鉴定、专业型人民陪审员和专家辅助人在事实查明中的作用,浙江省正在开展第二批全省知识产权技术专家选任工作,进一步细化专业领域,增加技术专家数量,并为专家咨询工作的开展提供经费保障;同时,联合省知识产权局、省工商局、省版权局做好专业型人民陪审员选任工作,定期对专业型人民陪审员进行法律业务培训;规范专家辅助人出庭程序,引导专家辅助人就专业问题出具符合客观性、科学性的意见说明。①

(四)加强国际交流与合作,建设高素质知识产权审判队伍

要解决知识产权案件周期长的困难,就要大力提高知识产权审批的质量与效率,而这离不开高水平的知识产权法官队伍。《纲要》提出,通过挂职、任职等多种方式,建立知识产权法院之间、知识产权专门审判机构之间、上下级法院之间形式多样的人员交流制度,逐步实现全国法院知识产权法官队伍建设一体化。同时,着力培养一批顾全大局、精通法律、了解技术并具有国际视野的知识产权法官。2013 年全国法院知识产权一审案件 100800 件,到 2017 年这个数字达到 213480 件。年均增长超过 20%。2017 年是具有标志性的一年,这一年全国法院知识产权一审案件首次突破 20 万件大关,与 2016 年相比增长率达到 40.36%,但是知识产权法官的人数并没有很大的增长,审结的案件数和结案数大幅上升了,再审率和改判发回重审率双双下降,这是良性循环。由于知识产权的专业性强,涉外案件多,要提高知识产权审判队伍的素质,加强国际交流和合作必不可少。知识产权制度本身就是一个外来的概念,知识产权法院也是借鉴和吸取西方成功经验后中国化的一个非常典型的表现。2014 年 9

---

① 《浙江省高级人民法院关于加强我省知识产权审判领域改革创新的实施意见》,http://www.zjcourt.cn/art'12/5/art_84_15493.html(访问日期:2018 年 12 月 15 日)。

月,上海成立了"中国法院知识产权司法保护国际交流上海基地"。该基地已和多家国际机构、组织举办了多场高层论坛,都取得了良好的效果。2017年5月,最高人民法院还和世界知识产权组织建立了战略性的合作关系,中国已经渐渐成为国际知识产权诉讼的"优选地"。

第三节 关于知识产权行政执法的研究

一、知识产权行政执法的界定

学术界对于知识产权保护与执法之间的关系有不同的看法。第一种观点认为,两者是高度重合的。知识产权主要依靠公权力来加以保护,在有些语境下,各种国家权力机关的保护活动都被称为执法,比如在国际贸易和外交场合的一些文件里面提到的知识产权执法,包括了行政部门、海关、警察部门、法院的保护活动。换言之,知识产权保护或知识产权执法包括了知识产权的行政管理、行政执法和司法。[29]第二种观点认为,知识产权保护相较知识产权执法,前者的内涵和外延更加丰富。从主体上看,知识产权保护可以由知识产权法律关系的当事人自行开展,也可以由法院、仲裁机构等争议解决机构来实施,而执法主要由知识产权行政部门、警察来实施。从途径上看,知识产权保护的实现既可以基于各方当事人合意、协商、自律等途径,也可以基于行政权力、司法权力强制介入的形式;而知识产权执法主要是基于公权力而实现。从过程来看,知识产权保护贯穿于知识产权的酝酿、权利申请和获得、权利存续(含权利的争议)、权利的转移等环节,而知识产权执法主要针对权利的运用等环节。相比之下,第二种观点认可的人更多,影响更大,本研究也采用第二种观点的陈述,即知识产权保护与知识产权执法有较多的共性,但后者相比而言范围更为固定,手段更为专一,特征更为鲜明,但就各种有关知识产权保护的研究成果中反映和对应于知识产权执法情况的,本研究也加以分析和借鉴。

研究者对于知识产权执法也有广义和狭义的定义。部分研究者认为,根据各国法律和政治体制对于执法权的界定,知识产权执法主要是由行政机关开展的,即知识产权执法和知识产权行政执法基本上是同义语。在美国等国家,国际贸易委员会这类机构有权启动知识产权 337 调查和处罚,它虽然不属于行政机构,但是得到法律和国会授权,行使的是行政权能。这种是狭义的知识产权执法概念[30]。也有一些研究者认为,知识产权执法可以分为行政机关执法和其他来源的执法力量,如法院颁布的专利禁令也是一种执法。这是广义的知识产权执法的概念。相比之下,前一种观点的界定更符合理论设定和社会认知,是对知识产权执法体制的较为贴切的描述。由此,知识产权行政执法系指享有执法权和裁量权的行政机关依据职权或根据公民、法人、其他组织的请求,对违反知识产权法、侵害知识产权人合法权益的行为进行纠正,对知识产权权利争议进行确认、调处的行为。

二、关于知识产权行政执法体制的研究

不同国家的法律和行政体制造就了行政机关在知识产权执法权能和分工上的差异。有些国家成立了专门的知识产权管理部门来负责知识产权行政执法,有些国家则依托于商务部、司法部等机构来开展执法活动。研究者对我国现行的多元化知识产权执法体制进行了评析,认为这种体制的优点是能够覆盖各个领域、各种类型的知识产权,执法机关既熟悉本领域的法律、政策立场、产业发展情况,也懂得本领域的知识产权发展和保护情况,能够做到守土有责。也有研究者指出了这种体制的短处,如认为上述知识产权行政执法机关在性质上存在差异,既有综合性管理机关,也有行业性管理机关,既有专门负责知识产权管理的机关,也有主要职责并非知识产权的机关;相比之下,专利局、版权局、商标局等部门的功能较为接近,而其他行政机关的知识产权执法功能可能会因受重视程度不同而存在差异[31]。再则,研究者也认为这种分散化的执法体系会造成知识产权执法资源的稀释,以及造成知识产权执法标准、执法力度的差异,还会带来知识产权执法救济的多重化,应当进一步考虑知识产权行政执法

的制度安排问题,减少执法机关,实现将功能相近的执法权限归并或委托给某一具体行政机关实施,即借鉴相对集中行政处罚权、综合行政执法的思路。也有研究者提出,以当前中国上下级政府之间、同级政府的各个组成部门之间的府际关系看,做到执法职能的集约化、重塑化有较大的难度,需要由国家层面的权威机关来主持制度设计,需要由政府编制下的管理部门来推动、衔接此项工作。而较为现实的做法是在各拥有执法权的机关之间形成较好的执法协作机制,通过发挥协调议事机构(如知识产权保护领导小组)的作用,来掌控各个执法机关的行动,协调彼此之间的立场,并在执法标准、各部门之间的配合上做一些文章。还有研究者认为,在关注知识产权行政执法机关的同时,还需要关注对知识产权执法有影响力的其他社会组织和成员。作为知识产权活动的参与者、执法线索的提供者、执法结果的利益相关者,它们对执法过程、执法结果的影响未得到充分的重视,它们在行政执法过程中的角色还未得到准确的界定。[32]

有研究者提出,世界各国在知识产权执法部门的执法方式对中国有一定的借鉴价值。从执法的实施者角度看,知识产权由专门行政部门执法的情况不是很多,只有少数国家如此。如英国的专利法规定,英国专利局必须是在当事人约定接受其管辖的情况下,才由其对专利侵权问题是否成立、损害赔偿及有关开支费用的计算做出裁决。墨西哥的工业产权执法部门发现专利侵权产品后,可以查封、扣押这些产品,可以对侵权人处以罚款,还可以勒令侵权企业暂时或永久关闭,甚至对侵权人处以 36 个小时的拘留,[33]工业产权执法部门的调查可以作为联邦检察官处理专利侵权刑事案件的参考。菲律宾的知识产权行政执法部门可以调查、处罚侵犯专利权的行为,可以颁布停止专利侵权的禁令,并就损害赔偿做出决定,还有权扣押,没收、处置侵权产品或要求侵权人提供担保,必要时处以行政罚款。相比之下,专门行政部门以外的执法部门的权力比较广泛。法国、德国、日本的警察部门可以开展专利侵权的调查工作,以便于后续的刑事救济。很多国家的海关可以发布禁令,在海关的监管范围内查处知识产权侵权货物。中国香港地区的海关拥有几百名执法人员,可以在香港全境查处知识产权侵权货物而不限于海关关区。美国的做法是赋予联邦贸易委员会(FTC)发布禁止商业中的不正当竞争方法禁令的权力。如果当事人认为某一专利侵权属于这类不正当竞争方法,希望禁止采用不正当竞争行为和方法的产品进入美国国境,则可以向联邦贸易委员会起诉,[34]由该委员会调查和裁决上述进口是否会对某一项在美国的产业造成实际上的损害。联邦贸易委员会可裁决的专利侵权损害赔偿可以达到侵权行为所造成专利权人损失的 3 倍,当专利权人的损失难以计算时也会本着不利于侵权人的原则解决。

三、关于知识产权行政执法效果的研究

关于知识产权行政执法及其更为广义的知识产权保护的效果,中国知识产权管理部门认为,知识产权行政执法对完善社会主义市场经济体制、规范市场秩序和建立诚信社会具有积极意义。知识产权行政执法作为一种有效的法定纠纷解决方式,切实维护了知识产权人的合法权益。经过努力,目前知识产权行政执法对于个案性的知识产权违法行为以及影响面较大的群体侵权、反复侵权、故意侵权等知识产权热点问题,能够较好地应对,发挥着维护知识产权人个人合法权益与社会公共利益、及时化解社会矛盾的功能。

但有研究者认为,知识产权行政执法呈现出发展不均衡的局面。一方面知识产权保护的大环境在改善。而另一方面,一些普通的知识产权纠纷在请求行政执法保护时,得不到足够的重视;一些重要、重大的知识产权项目,或得到行政机关关注的一些知识产权项目,才可能得到较为充分的保护。行政机关反应速度的不及时,导致一些知识产权违法现象从危害个体利益的层面发展到危害社会共同利益、破坏市场竞争和诚信主体的程度,好比养虎为患。同时,行政机关的知识产权执法和司法途径的知识产权保护有时也没有有效地衔接,知识产权人要同时求助于上述两种渠道,可是,行政执法没有能够及时、有效解决的知识产权违法现象,即便司法机关介入,也难以实现。

也有研究者指出,知识产权行政执法在知识产权保护中发挥的作用"治标"多于治本。[1]尽管在知识产权行政执法过程中,中国实行了监管和

第三章　传统知识产权保护手段分析

执法相结合、日常打击与专项治理相结合以及跨部门、跨地区联合执法等方式，这种带有"运动式"色彩的执法模式在短时间内对解决部分案件、降低知识产权违法率有效，但这些执法行动是靠行政机关全面出动、大量投入资源来实现的，长此以往行政执法的成功率难免会打折扣。要消除知识产权领域积累的矛盾，确立长效性的保护机制，单纯依靠行政机关一家是不够的。

四、关于知识产权行政执法存在不足的研究

纵观研究者的见解，中国当前知识产权行政执法存在的不足主要有几个方面。

1. 分散执法造成的不足

我国的商标法规定工商行政管理局负责商标侵权违法行为执法；著作权法规定查处侵犯著作权行为的执法主体是版权局；专利法规定知识产权局负责专利侵权的查处。执法机关不统一带来了不好协调、各自为政的缺陷。最明显的弊端是各个执法机关会严守自身的权力界限和执法范围，"各人自扫门前雪"，对于执法环节中存在的属于别的部门管理的知识产权执法事务不大可能去插手，导致出现行政执法真空；与此同时，也不排除有可能出现多个执法部门共同去处理某些行政相对人的违法侵权事实的情况，发生执法权限和执法内容的重叠冲突。[35] 更为隐秘的不足在于，执法机关同时也是知识产权行政管理机关，同时负责知识产权的授权登记、确权、管理、宣传、对外联系等职能，行政机关承担着两类不同的职能，难免会出现资源分配不均衡、工作重点不统一的问题。

2. 行政执法与司法审判之间衔接不力

根据知识产权法律的规定，知识产权行政执法机关具有主动查处和在接受权利人投诉后查处侵犯知识产权违法行为的行政职权，他们通常处在保护知识产权的第一线。实践中，很多执法部门大多是罚完款就算完事，而移交给司法机关的案件少之又少。以商标执法为例，2013 年中国各级工商行政管理机构立案查处侵权假冒案件 8.31 万件、涉案金额

51

11.21 亿元,捣毁制假售假窝点 1786 个,而最终向司法机关移送涉嫌犯罪案件 477 件、涉案金额 2.8 亿元。应当指出,知识产权行政执法机关的行政处罚,只能对不构成犯罪的一般行政违法行为进行,而不能对犯罪行为进行。有的地方混淆了一般侵权违法行为与犯罪行为,一股脑地行政罚款了事,实际上是对侵犯知识产权犯罪行为的轻纵。这种现象在降低刑事打击门槛后可能稍有好转,但仍不可忽视。

3.行政执法饱受质疑的另一方面是行政机关执法程序的合法性

当然,这个问题并不仅仅发生在知识产权执法领域,所有的行政机关都应依照法律执法,在此无须赘述。

五、关于知识产权行政执法的未来发展趋势的研究

有学者认为,世界各国多把侵犯知识产权的行为视为侵害私权,鼓励权利人通过民事法律途径寻求救济,如通过合法手段进行自力救济,或者由法院提供公权力救济。一些国家为知识产权人提供的行政保护主要由海关、警察等部门来实施,主要采取应权利人请求加以扣押等行政保全措施,大范围采取行政处罚措施的较少。也就是说,知识产权授予或确认机关很少直接到执法一线,这与中国的行政机关主动积极开展知识产权执法有较大的差异。在知识产权民事责任和刑事责任的衔接上,不少国家采取有限干预的刑事政策。如英美法系国家一般对侵害商标权的假冒行为处以刑罚,不涉及侵害专利权行为的刑事责任。大陆法系国家对专利犯罪主要处以罚金,对商标犯罪处以自由刑。因此,有学者认为,知识产权行政与司法保护并行的双轨制是中国现阶段国情下的产物,从长远看,这种强知识产权行政保护最终会向司法保护转变,同时以仲裁等非诉讼纠纷解决方式为补充。讨论中国知识产权双轨制执法体制的去留的实际意义不大。知识产权行政执法手段具有公认的快速、简便优势,在现阶段中国知识产权保护总体水平待提高的条件下,知识产权行政执法是不应该,也不可能废弃的。尽管在知识产权行政执法中存在着行政机关的调查权和处分权过大、运动式执法会对企业和个人的生产经营活动带来一定影响、可能滥用权利等问题,但这些行政风险与中国面临的国内外知识

产权保护压力相比,居于次要地位。[36]也有学者对比了英美法系中通常将知识产权侵权行为列为轻罪的做法,认为中国对一般违法行为做出的行政处罚与英美法系中的轻罪有一定类似,中国行政机关在司法资源缺乏的情况下发挥着准司法作用,行政机关所拥有的有较丰富执法经验的人员能够完成准司法的任务,因此,知识产权行政执法途径对权利人是有利的。现阶段知识产权行政执法不应该被弱化,而应该继续加强。加强知识产权行政执法的途径不仅仅依靠加强现有的执法力量,而是应当理顺知识产权管理与执法的职能,加强知识产权行政执法机关的能力建设。

针对知识产权行政执法的加强问题,研究者主要提出了以下几个方面的建议:

第一,整合或新设统一的知识产权行政执法队伍,以解决多家执行机关分散执法的问题。具体而言,可以将目前工商、文管、海关、专利、公安、海关等机关的专项执法、联合执法整合成一个较为固定的执法队伍,给予人员、编制上的保证,使得知识产权执法队伍从行政管理机关中分离出来,专门从事执法活动。也有学者建议,在全面整合时机尚不具备的情况下,可以采取相似职能先行整合的方式,如将文化市场监察职能与版权执法职能合并。

第二,增强刑事保护对知识产权执法的支持功能,重点放在对商标侵权和互联网著作权侵权的打击上,充分发挥检察机关、法院能动检察、能动司法的能力,推动具有犯罪情节的商标违法行为的刑事审查,强化行政执法机关的案件移送规程和执行程序,积极移送司法机关,司法机关与行政执法机关形成顺畅的配合。

第三,增强知识产权行政执法的合法性,行政执法机关要严格执法,主动引入更高标准的司法审查机制,控制行政执法权的裁量空间,使行政决定经得起司法审查的考验。[37]

第四节　知识产权执法焦点问题分析

一、知识产权执法的概念和特征

广义上的执法(enforcement)涵盖了能够保障法律实施、保护法定权利的各种途径。狭义上的执法是国家行政机关基于法定职权,按照法定程序,根据法律法规以及自身创设的行政法规规章,对违法的行政相对人进行法律处分,改变受侵害的权利义务关系的具体行政行为。知识产权行政执法是专门根据知识产权法律法规,对知识产权违法行为所实施的行政处罚和行政强制行为。

行政机关开展的知识产权执法活动涵盖了有机联系的几个部分。

第一是执法部分,这是知识产权行政执法最主要的部分,也是强制效力最强、公众感知最明显的部分;第二是常规性的知识产权事务监管、巡视工作,发现线索后即转入证据收集、行为调查、责任认定、处罚程序,这是知识产权行政执法的驱动和前置程序,服务于知识产权行政执法;第三是合作,包括不同政府、政府各部门,政府和民间,国家和国家、国家和国际组织之间的信息、技术、人力、制度合作,以调适各自国家或地区在知识产权认知和规则上的差异,通过交流和建立信任,加强执法的广度和深度;第四是执法宣传与教育,虽然这一环节并不针对具体的行政相对人设定义务,但是对潜在的知识产权利益主体产生普遍性影响,并且通过环境改造来贯彻执法意图,实现执法目标。

知识产权执法与其他类型的行政活动存在相同点,也有一定的差异,这种差异主要源于知识产权的技术化、专门化。

1. 知识产权行政执法的受欢迎度较高

一项基于专利的知识产权行政执法调查结果显示:专利权人对行政机关以主动、持续的行政执法行动来提升保护效果持有较高的认同感。也就是说,大部分专利权人愿意主动选择专利行政执法,这种意愿不亚于选择法院的保护。[38]一方面,寻求行政保护与我国的历史传统、文化习惯、官民关系有关;另一方面,这也表明长期以来知识产权管理部门对知识产权纠纷进行处理和调解的执法的权威性与威慑力得到了认可,这为知识产权行政执法赢得了较好的社会环境。

2.知识产权行政执法较司法保护更加主动、灵活、直接

由于行政机关更加贴近知识产权实践活动,更加熟悉知识产权行业氛围,因此知识产权行政执法的响应速度较快。同时,群众对政府及行政官员的治理行为总体上是接受和服从的,行政机关从事知识产权执法的速度和力度是有保障的。这两者推动了知识产权行政执法的处理及时以及处理到位。从成本上分析,行政机关的知识产权执法成本主要由政府财政经费予以保证,当事人省却了取证、固定证据、提出诉讼等方面的烦累,节省了成本。因此,知识产权行政执法的高效、便民、低廉优势较为突出。

3.知识产权行政执法拥有丰沛的行政资源

我国一直以来奉行行政强主导体制,行政机关能有效运用政府资源来保护知识产权,这种资源包括直接的人力、物力资源,也包括对知识产权权利人和相关利益群体的影响力和威慑力。行政机关除了调动政府资源,还可以动员舆论资源、科技资源、法律资源、社会治理的资源来实现行政机关的意图。基于此,得到行政机关保护的知识产权人对知识产权行政执法具有较高的满意度。其他可能遭遇知识产权风险的权利人也寄希望于行政机关的积极作为,看好知识产权行政执法的效果。

4.知识产权行政执法同时适应知识产权制度全球一体化发展趋势和中国的国情

我国推行社会主义市场经济以来,积极加入全球知识产权法律圈,引入国际通行的知识产权规则。在知识产权执法领域,我国对行政执法和司法保护的边界进行了重新界定,如将商标、专利等方面的行政最终裁决权转移给司法机关,但同时并没有降低知识产权行政执法的尺度。[39]行政执法保护和司法保护"两条途径、并行运作"的模式逐渐发挥出威力,民众比较认同行政机关在知识产权执法中处置的权威性,对知识产权行政

执法的效果比较有信心。这表明,在全球化局势下,我国知识产权行政执法的制度土壤并没有丧失,知识产权行政执法的一些理念、运行机制与发展方向与国际上的实现了较好的接轨,其他国家的一些多样化的知识产权执法方式也可以被我国引入,或者与一些有中国特色的执法方式相结合。

二、知识产权执法的效能分析

在我国的知识产权执法过程中,被侵害知识产权的权利人可以向拥有知识产权执法职能的行政机关(如知识产权局、工商局、版权局)投诉,请求对侵权行为进行查处,行政机关也可以主动开展行政检查,一旦发现违法情形,就加以纠正。《中华人民共和国著作权法》第四十七条、《中华人民共和国专利法》第五十七条、《中华人民共和国商标法》第五十三条及其配套法规都规定了行政执法事项,赋予行政机关罚款、没收主要用于侵权活动的材料、工具、设备等权力,支持行政机关追究侵权行为人的行政责任,保障知识产权法的贯彻执行。为了贯彻实施这些法律,我国近年来投入了大量资源,用于改进知识产权执法方式,连续实施了知识产权执法专项行动。这些行动对市场秩序的建构、对知识产权权利人的权利保护发挥了积极作用。如浙江省打击侵权假冒工作领导小组办公室 2017 年组织开展了"2017 云剑行动""2017 云剑联盟""清风行动"等专项行动。全省行政机关共立案侵权假冒案件 26071 起,办结案件 24699 起,涉案金额 10992 万元,移送司法机关 288 项,捣毁制假售假窝点 148 个。浙江省知识产权局聚焦食品药品、环境保护、家电、日用品等涉及民生和高新技术的领域,有针对性地组织开展集中执法。活动期间全省累计出动执法人员 400 余人次,查处涉嫌假冒专利行为的案件 1300 余件。浙江省版权局积极开展"剑网 2017"专项行动,全年巡查网站 3 万余家,关闭侵权网站 18 家,删除侵权链接 3400 多个,关闭各类违规店铺 2000 余家。① 根据

---

① 《2017 年浙江省知识产权发展与保护状况》,http://www.zjpat.gov.cn/interIndex.do? method＝draftinfo&draftId＝4aeb4c53-67e2d414-0167-f2bd8b8a-0002(访问日期:2019 年 1 月 15 日)。

国家知识产权局知识产权发展研究中心发布的《2017年全国知识产权发展状况报告》，浙江省知识产权行政保护指数得分位列全国第2位，其中浙江省商标行政执法保护指数居全国第2位、海关行政保护指数居全国第1位，专利行政保护指数居全国第1位。① 但是，我国知识产权执法工作在国际上不时受到攻击，国外有些政府和团体认为，中国政府没有能够遏制猖獗的假冒、仿冒行为，还有些抱有特殊目的的团体和学者指责我国政府默许侵犯知识产权的行为，以帮助中国企业低成本扩张，损害国外知识产权人的利益。在国内民众中，也有一些人对知识产权行政执法抱有不理解态度，认为行政机关是一罚了之，侵犯知识产权的人只要交钱就能过关。还有部分民众出于自身利益考虑，明知是盗版、仿冒商品，仍然去购买，对知识产权行政执法有抵触心理。由此可见，知识产权行政执法存在着一定的信任危机，但知识产权执法的真实效能是否像外界所认为的那样，还需要有严谨的评估标准。

在世界上，一些研究者针对各国的静态知识产权法制和动态知识产权执法状况进行了研究，抽象出知识产权保护强度指标体系，利用这个指标体系，可以通过同一口径对不同国家的知识产权保护（执法）情况进行比较。

对学术界影响最大的是 Ginarte 和 Park 提出的方法。1997年这两位学者将知识产权保护强度指标划分为专利覆盖范围（extent of coverage）、国际条约成员资格（membership in international patent agreements）、权利保护的丧失（provisions for loss of protection）、执法机制（enforcement mechanisms）、保护期限（duration of protection）5个一级指标，每个一级指标又设若干二级指标。一级指标分值为0～1，二级指标的分值采取简单算术平均数，即用可得分二级指标的数量与指标总个数相除，最后将所有一级指标的得分相加即为一国知识产权保护强度得分[40]（见表3-1）。2008年，Park 教授对 Ginarte-Park 指标进行了小幅修正，增加了几项指标。

---

① 《2017年全国知识产权发展状况报告》，http://www.sipo.gov.cn/docs/20180626163309943315.pdf（访问日期：2019年1月15日）。

表 3-1　Ginarte-Park 知识产权保护强度指标一览

一级指标	二级指标	计分方式	备注
专利覆盖范围	药品	每项二级指标赋分为 1/8,若被调查国专利法将此指标类型列为专利授予对象即可得分,加总后为一级指标得分	软件专利指标为 2008 年新加入指标
	化学品		
	食品		
	动植物品种		
	医疗器械		
	微生物		
	实用新型		
	软件		
国际条约成员	巴黎公约	每项二级指标赋分为 1/5,若被调查国批准加入或被接纳为国际条约成员即可得分,加总后为一级指标得分	布达佩斯条约、TRIPS 协议为 2008 年新加入指标
	专利合作条约		
	植物新品种保护公约		
	布达佩斯条约		
	TRIPS 协议		
权利保护的丧失	实施要求	每项二级指标赋分为 1/3,若被调查国对于专利有实施要求,规定了专利强制许可制度以及对已授予专利可以撤销,即可得分,加总后为一级指标得分	
	强制许可		
	专利撤销		
执法机制	诉前禁令	每项二级指标赋分为 1/3,若被调查国专利法中允许权利人申请诉前禁令、对于专利损害赔偿规定了连带责任,在专利诉讼中采取举证责任倒置,即可得分,加总后为一级指标得分	
	连带责任		
	举证责任倒置		
保护期限	发明专利保护期	赋分方法为以被调查国专利法中规定的发明专利保护期限(年)除以 20,其商值即为该项一级指标得分,若商值大于 1(即该国发明专利保护期限长于 20 年,也记作 1 分)	

Ginarte 和 Park 利用这一指标对世界上 110 个国家 1960—1990 年

的知识产权保护强度进行了计算和排名,其中排名前列的是美国(得分4.52)、奥地利(4.24)、意大利(4.05)、瑞典(3.90),而安哥拉、莫桑比克、埃塞俄比亚等国家的得分为0。1990年全球知识产权保护强度均值是2.46,相比1960年时的全球均值2.13有一定的提升。

利用这一指标来测算的中国知识产权保护强度,出现了几个年份的计算结果。杨中楷等计算出了1985年、1993年、2001年三个年份的中国知识产权保护强度,分值分别为2.18、3.19、4.19。1993年的分值已经在全球110个国家中排名第20位。[41]钟佳桂测算了2005年中美两国的知识产权保护强度,并进行了比较,发现中国得分为3.99,美国得分为4.33。说明中国知识产权保护的立法水平已经接近发达国家,在发展中国家中居于前列。[42]

表3-1所示的Ginarte-Park指标主要测量的是执法基础或者执法重点方面的情况,为了使指标测量更加偏向于知识产权法的执行绩效,国内外研究者继续以Ginarte-Park指标为蓝本,研制知识产权执法保护指标。这些研究大致分两种路径。一是独立设计指标体系。比较有代表性的是Sherwood所设计的《发展中国家知识产权保护状况量表》,用于测量版权、专利、商标、商业秘密、知识产权法律执行、知识产权管理、生命形式、条约、一般公共义务等九大领域,有别于只考察专利的做法。Lesser构建了知识产权保护强度指数,偏重于执行,主要的测量指标包含一国的专利保护客体是否符合TRIPS(《与贸易有关的知识产权协议》)的规定,是否具备UPOV(国际植物新品种保护联盟)、PCT(专利合作协定)等国际条约成员身份,专利局的网页维护等管理水平,该国的腐败感觉指数等项目,将评分范围扩展到知识产权法律事项以外。另一种路径是在Ginarte-Park指标体系的基础上,根据对国别知识产权保护特色的认知,增加知识产权执法强度指数,合并成为完整的知识产权保护强度指标体系。中国研究者对此进行了耕耘。先后有韩玉雄、李怀祖提出的执法强度四指标体系,许春明、单晓光提出的五指标体系,沈国兵提出的三指标体系。其具体测算依据如表3-2所示。在计算各分项得分后再取算术平均值即为中国知识产权执法强度指标。

表 3-2　中国学者构建的知识产权保护强度指标一览

发明者	指标选项	测量依据	计分方式
韩玉雄、李怀祖	社会法制化程度	律师占总人口比例	该比例除以万分之五,最大值不超过 1。
	法律体系的完备程度	立法时间	一国实际经历的立法时间除以 100,最大值不超过 1。(中国立法时间自 1954 年起算)
	经济发展水平	人均 GDP	用中国人均 GDP 除以 1000 美元,最大值不超过 1。
	国际社会的监督与制衡机制	是否为 WTO 成员	从 1986 中国开始复关谈判至入世(2001 年),每年的得分 0.066。
许春明、单晓光	司法保护水平	律师占总人口比例	同上
	行政保护水平	立法时间	同上
	经济发展水平	人均 GDP	用中国人均 GDP 除以 2000 美元,最大值不超过 1。
	社会公众意识	成人识字率	该指标的实际比例除以 95%,最大值不超过 1。
	国际监督	是否为 WTO 成员	从 1986 中国开始复关谈判至入世第五年(2005 年),每年的得分 0.05。
沈国兵	经济发展水平	人均国内生产总值	中国人均 GNI 与世界银行公布的 LMI 上限基准的商数
	法治水平	世界银行关于中国法治水平的报告	中国法治水平得分/东亚法治水平得分
	知识产权执法水平	专利侵权保护程度和执法机构保护程度	前者为专利侵权收案数占全部专利类案件收案数的比例,后者为海关或法院民事知识产权类案件查处或审结率

这些研究者计算的中国知识产权执法强度指标各不相同,以 1995—2004 年的数据为对照标尺,韩玉雄等的计算结果区间为 0.44～0.68[43],许春明等的计算结果为 0.445～0.657[44],沈国兵等的测算结果为 0.605～0.717[45]。用这些参数乘以 Ginarte-Park 强度指数,所得数值就是中国的知识产权保护指数。余长林 2009 年利用改进的指标体系对中

国以及各个省区市 1997—2006 年的知识产权保护强度进行了测算。一方面,他发现中国知识产权保护强度随时间逐年提高,1992 年前后及 2001 年前后出现两个快速上升的阶段;另一方面,他报告了 2006 年度知识产权保护强度得分最高的是北京市,为 3.788,得分最低的新疆为 2.212,高于全国知识产权保护强度平均水平(2.933)的地区有 8 个,主要是北京、天津、上海及东部沿海经济发达地区,低于全国平均水平的有 22 个,主要是西部内陆不发达地区,体现了"东高西低"的趋势。[46]

在国内外对比上,许春明等学者的研究表明,如果用上述指标体系去衡量世界各主要国家的知识产权执法保护强度并进行排名,可以发现,在 2001 年这个时点上,中国的知识产权保护强度已达到绝大多数发达国家 20 世纪 90 年代的保护强度(只略逊于美国),超出其他发展中国家的保护强度。

根据上述计算结果,无论使用外国研究者开发的指标,还是利用中国研究者改良的指标体系,无论是测量静态的知识产权立法保护强度,还是同时对静态、动态的知识产权执法保护强度进行测量,对我国的测量结果都比较理想。也就是说,我国的知识产权名义执法水平是较高的。

但是仔细推敲,现有的各种测评指标在设计上还存在一些缺陷。如 Ginarte-Park 指标的局限在于:(1)不能准确反映一国保护知识产权的执法努力程度,尤其是"权利保护的丧失"和"执法机制"两个指标维度无法看出一国执法部门在处理知识产权纠纷时的立场倾向是否严格,执法频度是否尽职。(2)指标的区分度不令人满意,有些学者的看法是,这套指标所计算的分值普遍偏高,与国内外主流研究者对中国知识产权保护的实际成果的看法有一定的偏差。(3)指标的时效性较弱,如果一国的专利法在前次修改后保持稳定或者专利法修改内容未涉及专利保护范围、专利实施许可、专利侵权归责原则等方面,而且未加入新的国际知识产权条约,则该国的知识产权保护强度是恒定的,例如,依此方法中国的知识产权保护强度在 1995—2001 年是不变的,同样,从 2001 年至今也是不变的,这与知识产权保护的形势发展是不匹配的。[47]

中国学者修正过的知识产权执法强度指标体系比较而言内容更加全

面,但也有一些局限:(1)仍遵循单纯以专利来表征知识产权保护水平的思路,未能有效吸纳商标、著作权、商业秘密以及新型知识产权种类。(2)在部分指标的筛选上难以体现出知识产权的制度特征与法律特征。在新增加的执法指标方面,指标设计者们注重了统计数据可得性问题,但忽略了选取指标的瞄准性和解释力问题。总的来看,以律师占总人口比例来概括社会法制化程度、以人均 GDP 或 GNP 来形容经济发展水平无可厚非,而依成人识字率、是否为 WTO 成员方来指代特定的社会意识、国际知识产权义务等就显得偏离了知识产权保护强度研究的主旨了。一方面,成人识字率的指标波动较少,影响了统计的差异性,而将是否为 WTO 成员这个两分变量硬性改造成为连续变量,更是使得统计结果曲线不可能出现某种波动,呈现一种人造性的"平滑"趋势。最值得推敲的是以立法耗用的时间来表征国家法制的完善程度,研究者做出的基本假设在很大程度上不适用于以移植为主要生成方式的知识产权法,而且这种假设对于在 60 余年中接连出现新创、停滞、恢复、融合等非常规法律运行过程的中国来说也不适合。

综合上述方面,我们应当看到,我国知识产权保护(执法)存在名义水平和实际运行状态的差异,其根源应当是我国知识产权立法的迅速成熟带来了立法超期于执法的现象,比较明显的例子是自中国加入 TRIPS 协定后,在著作权、商标等知识产权立法保护力度上,已经超过了 TRIPS 的要求,形成了"TRIPS+"的局面。[48]此外,名义执法水平与实际执法水平的不一致在很大程度上是由于我国当前的知识产权执法组织和过程正在发生深刻的变化。Mertha 曾提出分散式威权主义的分析框架,指出,中国有诸多负责知识产权执法的具体政府部门,会导致某种利益的分散,造成知识产权执法上的冲突。Dimitrov 则认为知识产权执法水平与国家能力有密切关系,知识产权行政执法、准司法执法、司法执法都需要国家能力作为支撑,而执法机关中被动执法与无效执法的现象并不少见。[49]消除这种差异的方法是尽可能提升实际执法水平,包括司法保护水平和行政保护水平。更具体而言,我们需要从执法体制、执法权力配置、执法主体能力、执法手段等方面多管齐下,力争使知识产权名义执法水平与实际执法水平贴近。

三、互联网电子商务环境下知识产权行政执法面临的挑战

(一)互联网电子商务领域知识产权违法状况

在经济全球化、信息化背景下,市场经济发生了深刻变化,一些新的业态蓬勃发展,基于互联网的电子商务就得益于此。近年来,我国已经培育了阿里巴巴、淘宝、天猫、拍拍、京东平台、亚马逊购物平台、易迅、一号店、苏宁易购云商、国美网上商城等大型电子商务购物平台。这些平台方本身并不提供商品和服务,而是提供交易接口、撮合工具、支付结算工具,并负责网络店铺的准入审核。提供商品销售服务的是分散的卖家,如淘宝、天猫上的网上店铺。这种模式是当前电子商务网络购物的主流,即B2C模式。根据艾瑞报告数据,2014年,中国网购市场规模达到了2.8万亿元,其中阿里巴巴的网络平台(含淘宝、天猫)的份额达到2.3万亿元,占市场份额的82.1%,其他几家较大的网商平台也达到了千亿元的交易规模。

但是应该看到,基于密集法律制度构建的互联网平台,在运行过程中时常出现低知识产权度的商业运营现象。比如,利用在互联网这个虚拟空间里无法直接检验实际交易标的的特点,用信息图像技术进行虚假、夸大的宣传;利用密集化、匿名化的信息传递模式来实施不正当竞争等。现在一些地区提出大力发展电子商务新经济,鼓励形成网络购物集中地——"淘宝村",但是在着重发展速度、做大规模的同时,没有关注网上知识产权的监管,使得一些电商活跃的地区成为盗版、制假、售假的高发地区。

在电子商务领域知识产权违法现象泛滥的情况在多个知识产权种类上表现得都比较明显。

首先是专利侵权现象。包含专利权的产品在网络上销售可以区分为多种情形。销售的既可能是包含自身专利权成果的产品,也可能是包含他人专利成果的产品;既可能在中国销售或销售给中国消费者,也可能在

境外销售或销售给境外消费者。有数据显示,在阿里巴巴 B2B 交易平台上,60％以上的知识产权投诉涉及专利权;在淘宝网上,每天接到两万多条知识产权投诉,其中 10％～20％涉及专利权。

其次是商标侵权现象。"商标在消费者购物前是劝说员,在消费者购物时是向导,在消费者购物后则成为体现其身份和地位的名片。"[50]在互联网电子商务中,因为消费者无法与购买的商品"面对面",因而商标的作用更为重要。当前互联网电子商务中的商标事务有两个特点:一是相当多的电商使用着大量的未注册商标;二是不少电商把知名商标、驰名商标当成"唐僧肉",随意拿来开展营销,进行不正当竞争和牟利。

商标侵权行为主要包括以下几种。

1. 假冒知名商标、驰名商标、热销商标

有些不法电商将与知名商标、驰名商标相同或相似的商标印在其生产的商品之上,放在网络上销售,引起慕名而来的消费者的误认。有些电商的经营经验、识别能力有限或审查不严,不知道是假冒商标,而某些消费者则是知假买假或明知是假还在网络渠道上向其他人推介商品,加深其他消费者对于该驰名商标产品真实性的误认。有些消费者受骗购买了载有侵权商标的商品;有些网络用户虽然没有实施网络交易,但通过浏览网站,建立了对于某个侵权商品、商标的信任和追慕印象,从而成为潜在消费者。

2. 跨类别使用他人的知名商标、驰名商标

尽管因为产品功能、性质的差异,电商经营者跨类使用他人知名商标、驰名商标,消费者不太容易混淆,但还是会引起消费者的联想,对商品来源发生误认,以为跨类商品之间具有关联。比如针对电子产品商标"小米",在网络上销售标附有"小米"商标的体育用品、文具,通过这种做法,一些电商得以"傍名牌"揩油。

3. 将他人的知名商标、驰名商标作非商标性使用

"商标的法定用途是用于商品本身、商品包装或者商品承载物,或者将商标用于任何广告宣传商业活动中,以便于识别商品来源。"[51]在电子

商务活动中,商品的宣传和购买平台是整合在一起的,电商在网络空间内介绍商品、发布广告司空见惯。消费者在选购商品时不可避免地会浏览到商品的宣传、介绍。有些电商在网络商铺的显著位置贴上知名商标、驰名商标,或者标明"同款",说是"同样的设计"、具有"同种功能",以博取消费者的注意。尽管商标法允许比较广告,但电商中有不少不是出于商品功能比较的目的,而是想表明所售商品高度近似于知名商标、驰名商标下的商品。新出台的商标法已明令禁止将"驰名商标"作为广告宣传的资源。这不仅是针对驰名商标权利人的限制,也是对其他经营体的限制,但电子商务网络平台上这种行为由来已久,难以禁绝。

4.商标混淆

互联网是一个快速学习的平台,也是一个容纳流行事物的窗口,在一段时间内只要出现较为流行的事件或较为热销的产品,电子商务平台中马上就会有商家蜂拥而上,竞相模仿,如2012年南非世界杯足球赛期间的球衣、球场助威哨。除了模仿产品,电子商务平台上的有些网络商家还有商标混淆的行为,使用与他人未注册或已注册商标相似、相近的商标,比较突出的如"保罗"(POLO)商标、"华伦天奴"商标,网络电子商户创制了大量含有保罗、华伦天奴字样的商标,或者创制只有一字之差的商标。

5.假洋品牌商品大量充斥

《中华人民共和国商标法》第十三条规定,对于复制、模仿或翻译他人没有在中国注册的驰名商标容易导致混淆的同类商品禁止使用。但在电子商务网络环境下,商标的拿来主义倾向非常明显,一些电商为迎合消费者对国外产品、设计的好感或好奇感,同时抬高自我经营商品的档次或增加与众不同性,大量使用外文、外文音译、外文图形等商标标识。特别是在服装、食品、日用品等销售领域。从效果上看,有些网络商户生产、制作、销售的商品使部分公众无法很好地区分该商品是否为外国厂商生产,有些则会误导公众,使其以为,该网商销售的商品的生产商或销售商与外国厂商存在某种业务关联,或者得到了国外厂商的许可。虽然上述有些行为并没有直接对应的商标权权利受害人,但是,说这种行为助长了不正当竞争、扰乱了商标法律秩序是不容置疑的。

6.利用网络实施弱化、玷污和退化驰名商标、知名商标的行为

某些抱有不正当竞争目的的电商,通过商标申请、商标宣传等手段,削弱他人拥有的驰名商标、知名商标的显著性,以达到分占驰名商标荣誉光环下的市场份额的不法目的。近年来,电子商务网络出现的抢注"微信""哈根达斯"等商标,将"姚明""百度""林丹"等商标用于避孕套、猪饲料等品类上,复制、模仿"Jeep""Aspirin""U盘"等商标就是明证。[52]

(二)互联网电子商务领域知识产权执法难度

目前,我国在互联网电子商务环境下的知识产权执法活动从外部环境到内部资源都有了较大的改观,但与电子商务网络的知识产权违法现状相比,现有的知识产权执法手段出现了较为明显的滞后,这主要体现在以下方面。

第一,在网络电子商务环境中,潜在消费者数量众多,受到侵害的消费者人数不特定,受到侵害的时间也不确定,侵害的范围和程度也不一致。根据知识产权的地域性特征,其行为损害到受中国法律保护的知识产权权利人利益,中国的知识产权行政执法机关应当为权利人提供保障。而另一种更为特殊的情形是,如果包含他人知识产权的产品在中国生产而在其他国家的网络电子商务平台上销售,海关在履行货物出境检验时发现违法线索,但权利人在国外享有知识产权,在中国和货物销售国不享有知识产权,这种情况算不算侵权,中国知识产权执法机关应不应该保护,尚无定论。

第二,在执法强度方面,较突出的问题是行政处罚和赔偿的计算依据、最终数额,实际执行到位的金额,能够查封、扣押、销毁的违法违禁产品数量与违法涉案数额、违法现象范围相比,只占很小的比例。

第三,在执法反应速度和执法时效方面,网络知识产权违法的发生和隐匿转移速度比行政执法机关走完行政调查、做出行政决定的操作速度要快不少。执法机关凭借现有的执法技术设施、交通工具、通信工具、技术人员等条件去固定和确认网络电子商务主体的知识产权违法事实无法保护知识产权人的合法权益,也无法提升电商网络的知识产权整体水平。

第四,一些利益集团对电子商务环境中知识产权违法行为提供了明里或暗里的方便,组织或干扰知识产权行政执法部门的执法行动,形成了知识产权执法的暗流。

上述现象,溯其根源在于互联网经济是市场经济发展中处于前沿的部分,也是属于规则任意性、有效运行机制不健全的部分,过往在市场经济中普遍存在的市场主体法律意识和法律能力不足,"有法难依""违法难究"的现象在互联网经济中也被大量复制。[53]同时,互联网电子商务领域的企业类型繁多,既有资金、技术密集的旗舰式企业,也有诸多分散的小微型商户,电子商务主体的投资来源非常复杂,国有经济成分在其中所占的比例非常低,政府无法像对实体经济那样去审批项目、控制企业、安排投资、调处纠纷,政府对于电子商务领域的行政执法能力相对较弱。应当强调的是,在互联网经济环境下,政府的经济调节、市场监管、社会管理和公共服务的职能被赋予了新的含义。在电子商务发展的过程中,作为鼓励创新、保护创新、促进科学技术发展、带动经济社会发展的知识产权的地位和功能依然十分重要,互联网经济对知识产权行政执法的需求并没有减少。政府和互联网电子商务界都应当考虑电子商务领域知识产权依法行政的着力点应该放在哪里,应当怎样精心的组织实施。

第四章　诚信元素与知识产权保护

当前在知识产权的司法保护中存在的侵权成本低、维权成本高，以及即使案件胜诉，最后却无法获得及时、充分的赔偿等问题，单从诉讼完善角度是难以克服的，还必须从诉讼当事人（企业）的诚信方面找原因。诚信是市场经济活动的基础性支撑，无信则不利商。一个国家的企业的诚信以及国民的诚信对国家的商业环境来说是非常重要的，这一点还可能直接影响外国投资者对投资地域的选择。以往我们可以用优惠的政策和丰沛、廉价的劳动力吸引外资，但这些比较优势逐渐退出后，我们只能用良好的商业环境、充分的诚信氛围去吸引和稳定外资。诚信体现在商业活动的各个环节，知识产权保护就是重要一环。以往国内一些企业的知识产权保护意识淡薄，既不保护自身知识产权也不尊重别人的知识产权。盗用外商的专利、商标等知识产权以节省企业自身的研发时间和资金的事件时有发生，从而给相关的在我国投资的外商企业带来较大的经济损失，并影响了我国整体的企业声誉。随着我国知识产权保护工作的加强，侵犯外资企业知识产权的不良行为得到了遏制，但仍然存在着一些知识产权争议，比如一些国外政府指责我国某些企业强迫外国投资者转让技术，或指责我国某些企业盗取外国投资者的核心技术秘密。应当说，即便在发达国家，企业竞争者之间的知识产权争议也经常发生，比如苹果公司和三星公司之间旷日持久的知识产权诉讼。但作为资本和技术输入国，我国企业在知识产权保护领域与国外投资者相比还有不小的差距，容易被扣上侵犯知识产权的帽子。我们唯有创造更良好的商业环境，才能打消一些外国投资者的疑虑，让它们更主动、更长期地在我国投资。为此，需要进一步开展诚信建设，既着眼提高本国国民的素养，提高知识产权保护水平,也能避免不良外国企业钻中国信用体系不健全的漏洞,同时吸引和保护外国企业在中国诚信合法的行为,约束和激励并举。

第一节 知识产权诚信建设的背景和意义

党的十八大报告提出:倡导富强、民主、文明、和谐,倡导自由、平等、公正、法治,倡导爱国、敬业、诚信、友善,积极培育社会主义核心价值观,并提出"深入开展道德领域突出问题专项教育和治理,加强政务诚信、商务诚信、社会诚信和司法公信建设"。党的十八届三中全会通过的《中共中央关于全面深化改革若干重大问题的决定》提出:"建立健全社会征信体系,褒扬诚信,惩戒失信。"2014 年,国务院发布实施我国首部国家级社会信用体系建设专项规划《社会信用体系建设规划纲要(2014—2020年)》,将树立诚信文化理念、弘扬诚信传统作为社会信用体系建设的基础性工程,明确了今后相当长一段时期内的政务诚信、商务诚信、社会诚信建设任务,部署了推进诚信文化和诚信教育等具体措施。2014 年,中央文明委发布《关于推进诚信建设制度化的意见》,全面阐述了推进诚信建设制度化的重要意义、指导思想和主要原则,做出了建立全覆盖的社会信用信息记录,营造诚信建设宣传舆论声势,增强诚信教育实践针对性实效性,建立健全激励诚信、惩戒失信长效机制,营造诚信建设法治环境,加强诚信建设制度化组织领导等重要部署。党的十八届四中全会提出要"加强社会诚信建设,健全公民和组织守法信用记录,完善守法诚信褒奖机制和违法失信行为惩戒机制"。可见,诚信建设已成为国家的顶层政策设计。

在诚信建设中,知识产权亦占有一席之地。在商务诚信建设中,知名商标、商业秘密的保护是重要内容。在诚信文化建设中,明确提出保护创新,反对各种形式的抄袭和恶意的模仿。另外,知识产权事业的发展和规范对于诚信建设工程也能发挥有效的推进器作用。最明显的机制是:知识产权理念的深入人心,将带动全社会尊重知识、勇于创造、承认知识财富的价值,进而在社会上塑造一种潜心创新、诚信研发的风尚。在创新过程中,对于知识的使用方式、对在先创意的尊重和正当利用、处于竞争关系的创新活动之间的公平竞争、知识产权纠纷的解决等环节的妥善处理,将加强商务诚信的含金量,并对相关领域的诚信建设带来长期性的影响。我们也要看到,在决策者、社会公众、知识产权所影响的群体当中,就知识产权事业和诚信社会建设之间的关系问题以及影响机理方面还没有统一的共识和协调行动,需要有较为坚实的"知识产权—诚信建设相关性"理论作为支撑,需要在具体实施过程中摆正知识产权事业和诚信建设工程相互之间的关系,拉近彼此之间的距离。

各个地方在知识产权创造、运用、管理、保护等方面推出了规章制度、工作方案、指导意见,在全社会营造了较好的知识产权氛围。在知识产权事业发展过程中,通过开展知识产权保护,打击假冒、仿造、剽窃等行为,以具体的案件办理、法律责任的落实来倡导诚信、保护守信、制裁失信,推进诚信社会建设。同时,各地以更长远的目光,注重宣扬和培育科学精神和创造价值,以期能够强化诚信行为、培育诚信文化、营造诚信氛围,使知识产权事业和诚信建设成为一体两翼,协同发展。

无论是从全国范围还是立足于各地来看,以知识产权作为抓手来推进诚信建设还有很多工作要做,围绕诚信建设的战略布局开展研究,厘清知识产权政策与诚信建设系统工程的内在联系和促进机理,归纳在开展知识产权事业中如何具体、直接地助力、服务于诚信社会的建设以及诚信建设与知识产权事业之间的相互促进机制,对于诚信建设有鲜明的促进作用。

第二节　关于知识产权诚信建设的研究情况

一、诚信的研究

诚信在中国有悠久历史。《易经》中有"忠信所以进德也"。《礼记》说

"不宝金玉,而以忠信为宝"。春秋时期的政治家管仲较早将"诚"与"信"连用,《管子·枢言》载:"先王贵诚信。诚信者,天下之结也。"有些研究者对"诚"与"信"的内涵、诚信文化、诚信立法、诚信规则等基础性范畴进行了分析。在比较研究方面,有的研究者对国内外诚信体系的构建进行了研究,提出了诚信道德化、契约化等方面的见解。[54]

在类型研究方面,研究者一般把诚信界定为伦理意义上的诚信和制度意义上的诚信两个层面,比较了两种诚信的约束方式、实现程度,分析了两者间的关系。较多的研究者认为,单靠伦理诚信或制度诚信都难以适应当前市场经济发展的复杂环境,需要把多种诚信元素结合起来。[55]有的研究者认为,按照市场交易因素标准,诚信主要区分为市场诚信和非市场诚信。市场诚信是市场主体在市场交易中履行法定义务和约定义务的状况,包括商务诚信、金融诚信和消费者诚信。非市场诚信是特定主体在社会管理或服务中履行法定义务和约定义务的状况,包括政务诚信、司法公信和非营利组织事务诚信。相比较而言,市场诚信是诚信体系中最普遍、最重要,也是出现问题最早、最多的部分。由于我国市场经济制度建设历程、市场内部体系等方面的原因,市场中各类信用危机比较严重。研究者也指出,市场诚信危机能够转入社会其他领域,带动行政权力、司法权力、学术权力等方面出现诚信危机,将这些非市场价值评判的领域也卷入其中。

诚信的实践途径来源于人际交往。有些研究者从博弈论的角度演绎了人类行为选择的诚信向量:(1)你讲诚信,我也讲诚信;(2)你不讲诚信,我也不讲诚信;(3)你讲诚信,我不讲诚信;(4)你不讲诚信,我讲诚信。对于不讲诚信的主要诱因,研究者认为社会环境中的一些不讲诚信(虚假和欺诈行为)出现后,会对社会个体产生不良影响,促使人们做出非理性的选择,让人觉得诚信对自己不利,为了有利于自己就倾向于选择不讲诚信。人们所做的失信行为,有些可能会受到谴责和惩戒,有些则由于信用信息不对称可能不会受到限制和惩戒,这些行为会继续加剧不讲诚信的氛围。针对不同的社会环境,研究者发现,在熟人社会条件下诚信的约束力较强,而在分化性较强的社会中熟人资源较少,会导致各种诚信危机,市场经济环境与过去的熟人社会有较大的差异。

在对策研究方面,2003年国家提出了建设社会主义诚信体系。研究者随即就政府诚信、商务诚信、金融诚信、科研诚信、文化诚信等多个具体维度的诚信展开研究,围绕诚信建设的基本要件、建设目标、存在症结、解决方案、长效机制等提出了看法。有的研究者主张通过信息化推动诚信基础建设,如建立信用信息系统,对企业、个人的信用行为进行记录,并开展信息交换、共享和整合,形成基本的信用档案和动态的信用评价,实现社会成员的信用记录可核查、可传导、可追溯。有的研究者分析了守信激励机制和失信惩戒机制的作用,提出守信者自觉化与约束化相结合、可受益度最大化等原则,提出失信惩戒机制需要在保障基本权利的基础上达到让失信者处处受限的效果,在此过程中需要形成政府、社会、市场的联合限制和惩戒,并确定一些不能用金钱来交换的项目,使得失信者有财富也无法运用。有的研究关注失信成本问题,提出加大失信机会成本和道德约束双管齐下解决失信问题。有的研究倾向于用制度创新来促进我国诚信体系建设,认为产权制度创新是市场诚信建设的制度基础。有的研究主张回归历史传统,运用丰厚的道德、文化、民族精神资源来弥补现代社会关系中的诚信短板,将人际关系的调整和建设纳入诚信体系建设规划中。有的研究者针对诚信建设依靠道德提升和制度建设双引擎推进中的问题进行研究,认为法律可以成为两者之间的触媒,法律可以把道德的底线上升为国家意志,使道德基础性、普遍性、治本性的功能更加外显。同时,法律也能提升诚信制度的规范性、针对性、稳定性,防止诚信建设过程中的人为偏差。研究者还指出,促进诚信的法律执行是关键,由于诚信法律制度在引导和约束社会成员方面不能采取强制性的方式,因此应当将法律效果的发挥建立在社会成员遵守其他法律、制度的持续性、稳定性的基础上。

从关于诚信建设的研究中可以看出,诚信研究的主要路线和基本内容已经得到了较充分的阐述。一方面,对于诚信建设的障碍认知较为统一。其包括历史积淀的负面影响、社会信用信息的不对称、法制不健全、人性逐利的倾向、对失信行为的打击力度不够、政府信用等关键性诚信元素的缺乏、市场经济有一定发展但又发育不完善等。另一方面，推动诚信建设的经验和对策也比较庞杂，需要厘清线索，抓住要害。同时，在制度建构与道德催化之外，还需要寻找更多、更有效的促进诚信建设的元素和机制。从社会主体的角度看，分析人与人之间、组织与组织之间存在诚信的"软约束"机制，如信任等元素，对诚信建设也具有同等重要的意义。

二、知识产权与诚信的研究

知识产权是指在科学、技术、文化、工商等领域内，人们基于自己的智力创造的成果和在经营管理活动中的标记、信誉、经验、知识而依法享有的专有权利。知识产权是随着西方资本主义社会的兴盛而逐步传播到全世界范围的新兴范畴。

哲学、法律、经济、管理等多学科对知识产权整体制度进行了研究，不同程度地讨论了支撑知识产权制度的历史因素、经济因素、国际因素、科学技术因素、社会因素，比较了历史道路、经济发展水平、法律环境等方面的差异所造成的知识产权本质、功能认知冲突，介绍了美国、欧盟、日本、我国的知识产权战略的形成过程、核心内容、支持要件，提出了很多值得借鉴的观点。必须提到的是，研究者阐明了知识产权不仅是一种产权、一种财产，它更是科技创新之源，是核心竞争力。知识产权不仅仅是一种法律现象，还是一种社会改造工具，维护知识权利的正义秩序，实现知识进步的效益目标，对现代社会的进程，文明的塑造、社会风尚的培育起到独特的作用。[1]

在宏观理论指导下，研究者开展了知识产权的多重效用研究，尤其是知识产权在法律之外的效用。有研究者分析了知识产权制度与科学技术的互动关系和对科技哲学的影响，解释了知识产权对发明创造技术进步产生促进作用的内因，关注了当前中国在知识产权法律还不够完善的情况下，何以出现活跃的技术流动和令人瞩目的创新绩效，提出在法律和政策规制之外，知识产权本身存在着一些有助于自发创新的因素，诸如知识产权对社会伦理基础、社会价值目标取向的贡献。有的研究者检讨了知识产权在经济领域的竞争保护与垄断形成上扮演的角色，连带研究了知识产权制度在私权与公权的关系变迁及协调中发挥的作用,提出在技术垄断方面知识产权的功能可能产生对立性,但无论在竞争环节还是在垄断状态下,通过管理和规范申请、授权、使用技术等知识产权活动,确实能够发挥抑制假冒、仿造的效用,对于保护经济诚信有正面影响。围绕着诚信建设与知识产权之间的联系,有一些初步的研究。

第一,知识产权创造与诚信建设。知识产权的创造源泉之一是科学技术研发活动。研究者指出,当前的学术氛围出现了重成果产出、重经济效益,轻创造性、轻诚信的不良倾向,对学术诚信和科学研究风气造成了不良影响,并主张首先通过加大学术科技评价中知识产权的权重来解决这一问题,即通过著作权的确认和保护来尊重科技工作者的劳动成果,督促民众学会尊重知识,明白复制、抄袭、不经他人许可私自动用他人的知识产权是不诚信的行为,将抄袭者排除出知识产权权利保护范围外,促使科学研究者抵制抄袭,揭发抄袭,培植老实、诚实的科研精神。其次,通过专利的申请、公开和授予促进学术研究信息、资源的共享,并且鼓励不同科研团队之间进行以原创性为终极目标的公平竞争,择优保护大量人力、物力所获得的科研产出,实现诚信和效率的统一。

第二,通过一些知识产权领域发生的案件,研究者评判了诚信社会建设的薄弱点,如美国篮球巨星迈克尔·乔丹起诉中国乔丹体育用品公司侵犯其姓名权案件和国内某体育用品企业抢注美国华裔篮球运动员林书豪姓名案件。研究者认为,首先,这类商标抢注行为与早期的一些"伴明星、做广告"行为相比,其目的更为直接,即不管消费者相不相信品牌与明星之间有关系,至少能造成消费者的认知震撼。即便明星出面澄清,也会演变成某种新闻事件,让涉事企业"上头条",相当于免费为企业做广告。其次,这种抢注行为也容易给缺乏消费知识或消费警觉性较差的消费者带来误导,尤其是使青少年消费者中圈套。再次,研究者认为这类行为会产生消极的示范效应。如果一个品牌通过抢注手段获得了较大的市场反响,其他品牌就会迅速跟进、复制这种模式,使得不正当竞争现象越来越严重,商业品牌的价值会逐渐贬损,商务整体诚信水平会下滑,对整个市场环境、对诚信社会的建设带来很大的负面影响。因此,研究者主张对于知识产权竞争过程中的种种不正常行为，不但要计算经济、法律方面的损失，也要计算社会诚信的损失。研究者通过分析发现，近年来诸多的专利侵权、著作权侵权行为被曝光的只是很少一部分，还存在大量的"打擦边球"事件，对于非法获利的行为人多采取姑息态度，这样会使得知识产权的混淆和低水平竞争现象越来越严重，商业领域的诚信门槛降低，诚信规则贬值，正常商业活动风险性增加。[56]

知识产权是一个宏大命题，除了将它作为一种公共政策和法律体系加以研究，对于知识产权的内涵和价值、应承担的历史使命的研究也非常有意义。在这方面，现有的研究多讨论知识产权在技术、创新领域的功能，而随着研究的深入，知识产权蕴含的更多元的社会、经济功能将会被发掘出来。上述研究已讨论到，知识产权的保护一方面能有力地推动科技创新，另一方面还能加大社会诚信建设。各种挑战知识产权规则的行为也集中反映了社会浮躁和诚信失范的现实，不但妨碍了知识产权制度的健康运行，同时也影响了诚信体系建设的速度和质量。同时，知识产权对中国社会诚信的影响方式和路径与西方社会不一定一致，尤其是在对微观的经济、社会活动产生的影响方面，值得我们专门开展研究。

从上述研究中可以看出，对于诚信建设和知识产权已有了丰富的研究成果，可以在研究开展方式上进一步创新，深入解剖一个对象，归纳出切实的研究发现，提高研究的服务性和针对性。

第三节 当前诚信建设推进情况和经验分析

一、诚信的内涵

在我国诚信的观念和操守具有悠久的历史。"人而无信，不知其可也""言必信，行必果"等经典思想已成为中华民族的宝贵精神财富和重要的文化识别符号。诚信，简而言之就是履行诺言，善良行事，排斥欺诈。它反映了社会主体所做出的心理承诺和行为实践。诚信跨越伦理、经济、法律等各个层面。在伦理层面,诚信体现为坚持遵守承诺,自觉履行义务的社会道德准则和心理契约。在经济领域,诚信主要约束交易行为,强调守约、等价、对等。在法律层面,诚信的基本要求是善意地行使权利、全面地履行义务、合理地平衡当事人的法律负担。

诚信和社会上较为关注的"信用"有一定的联系和区别。信用本质上是一种诚信,是经过一定积累并被公众认可的诚信。它主要是基于经济生活需要,服务于商业活动。由于市场经济的发展,信用成为经济充满活力和稳定运行的要素,信息也成为重要的市场财富。因此,诚信元素被量化为经济生活中的信用信息。换言之,信用记录良好代表着个人和企业有较高的诚信度,失信记录减少意味着社会诚信水平的提升。但两者的深层次区别还在于心理层面。信用记录良好是行为表征,并不代表着行为人主动地向往和维护诚信精神价值。诚信建设是从心理契约到行为契约的整体性机制。

诚信建设具有很强的紧迫性。当前在我国商业欺诈、制假售假、偷逃骗税、学术不端、食品安全事故等涉及诚信的问题还很严重。据 2014 年国家发展和改革委员会的相关人士分析,我国企业每年因为诚信缺乏造成的经济损失接近 6000 亿元。在战略层面上,诚信被列入社会主义核心价值观的范围,诚信提升被作为创新社会治理的攻关领域,诚信建设被列为提升国家治理能力现代化的系列手段之一,诚信建设与和谐社会全局建设的关联也更为紧密。诚信建设的制度化和操作化是党和政府重点谋划的事务。近年来,关于诚信建设应当从哪些方面入手已经逐渐清晰,即诚信建设应当主要针对政务诚信、商务诚信、社会诚信、司法公信四大领域。从诚信建设的实现途径来看,基础性做法包括加强诚信教育、开展诚信文化建设、实施信用信息系统建设、执行守信激励和失信惩戒制度,其中见效最明显的是建设信用体系。

二、国外信用体系建设措施与经验分析

西方国家的诚信建设已有近百年的历史。在不同的制度和文化环境下,各国对于诚信的认识和促进的方式方法有同有异。从外在表象上看,

社会信用体系的建设在各个国家得到了普遍、积极的实施,商务诚信被置于优先发展的位置。当前,以美国为代表的商业化机构征信模式、以德国为代表的中央信贷登记征信系统模式、以日本为代表的会员制征信机构与商业性征信机构共同运行的模式成为社会信用建设的代表性模式,下面略做分析介绍。

(一)美国的市场信用管理

为了管理全球最高的信用交易额,美国构建了发达的信用管理行业,通过行业良好自律和政府有效监管保障社会信用体系的运作。美国有大量的民营商业征信公司,如标准普尔公司、穆迪公司、邓白氏公司,它们独立于政府之外,依据市场化原则经营。它们从银行、金融公司、零售商、汽车消费信贷商、信贷协会、企业协会、财务公司、租赁公司、信用卡发行公司、商业零售机构那里获得公民的信用信息。美国的各种公司和政府公务机构也向它们提供公司方面的信用信息。同时,这些机构也是征信公司的用户,向它们购买客户的有关信用信息。

为了确保信用征集和信用信息使用过程的有序,美国制定了《公平信用报告法》《平等信用机会法》《公平债务催收作业法》《公平信用结账法》《信用修复机构法》等法律规范,使其在资信调查、信用授予、保护个人隐私方面有权威的操作依据。美国政府的联邦贸易委员会、司法部、财政部等对信用管理行业实施宏观监管。美国信用管理协会、信用报告协会、美国收账协会等民间组织对信用行业实施自律管理,共同推进信用管理市场的健康发展。

(二)德国的信贷信用管理

德国早在1934年就建立了信贷登记系统,它是由政府出资,以中央银行为龙头,以公共信用征集机构(信用信息局)为主体负责实施,属于非营利性质。根据德国《通用商业总则》《个人数据保护法》等法律规定,金融机构必须向信用信息局提供信息,也可以从信贷调查系统获取信息。德国现在已建立了全国性的征信信息调查网络和数据库,所有关于个人、企业信用的负面信息都会进入这一系统,主要供银行使用,帮助商业银行防范贷款风险。中央银行也借助这些系统来进行货币政策调控,实施金融监管。近年来,德国也出现了一些民营的征信公司,帮助收集数量众多的中小企业信用信息,提供给银行作为信贷业务参考。

(三)日本的社会信用管理

日本的社会征信系统主要由两部分构成:一部分是依托金融机构建立的会员制征信机构,它们又细分为多个征信服务平台,如银行系统的全国银行个人信用信息中心、邮购系统的信用信息中心、消费金融系统的全国信用信息会,这些平台容纳了来自银行、信用金库、信用工会、农协、信用开公司、信用保证公司等会员的信用信息,包括客户借款情况、账户和信用卡使用情况、还款情况、债务拖欠情况、倒闭情况等,平台之间实现了信息资源共享和情报相互交换,为会员提供服务;另一部分是并存的叫作帝国数据银行的商业征信机构,作为公共征信机构的补充。为了管理和利用庞大的信用数据,日本的信用管理法律比较完善,对于个人信用信息提供了较严密的保护,强调收集信息时需得到本人同意,信息主体有权要求修订错误信息等。

三、国内部分地区信用体系建设情况

我国国内部分地区在社会信用体系建设方面有一些与上述国家相近的做法。如上海市在 2003 年建立了市一级的社会诚信体系联席会议制度,吸收了主要的市级行政部门参与。2005 年上海市成立了上海市征信管理办公室,安排了专门的行政编制,统筹信用建设事宜,开展信用产品推广、信用评价体系建设、信用管理培训等工作。2014 年上海市建立了公共信用信息服务中心,负责公共信用信息服务平台的建设、维护、管理。浙江省在 2002 年成立了"信用浙江"建设领导小组,负责统筹、协调全省社会信用体系建设工作。2003 年浙江省设立了企业信用发布查询中心(2007 年后更名为浙江省信用中心),负责信用信息平台的运行和维护。杭州市、南京市的类似机构"信用中心"则挂靠在信息中心名下。

　　在信用法规政策方面,上海市信息管理办公室和人民银行上海分行于 2000 年制定了全国首部个人信用联合征信政策《上海市个人信用联合征信试点办法》,并制定了《上海市政府信息公开规定》《上海市个人信用征信管理办法》《上海市企业信用征信管理办法》《上海市公共信用信息归集和使用管理试行办法》《上海市公共信用信息目录》等规章制度。在信用建设中长期规划方案上,上海市出台了社会信用体系建设行动计划和规划。浙江省出台了《浙江省企业信用评价指导性标准》《浙江省企业信用信息查询办法》《浙江省信用服务机构管理暂行办法》《浙江省企业信用联合奖惩实施办法(试行)》《浙江省企业信用激励与警示办法(试行)》《浙江省工商行政管理机关企业信用预警制度(试行)》《浙江省企业信用信息征集和发布管理办法》《浙江省工商企业信用等级"守合同重信用"单位认定管理办法》。杭州市制定的信用政策法规中较有特色的有《杭州市社会法人失信惩戒办法》《杭州市行政管理事项中使用信用报告、信用承诺和信用审查的实施意见》《杭州市公共信用信息归集和使用管理暂行办法》。南京市出台的政策规章有《南京市社会信用体系建设考核办法》《关于在工程建设项目货物招投标领域使用第三方信用报告的办法》等。

　　在信用平台开发运营方面,上海市 1999 年在全国率先开展个人征信试点,由第三方机构上海资信有限公司负责进行特许经营征信。2002 年上海市企业联合征信数据库正式运行,初步形成企业和个人联合征信发展的局面。2012 年上海诚信网(上海市公共信用信息服务平台)向社会公开。目前,上海市的信用服务机构接近 100 家,每年出具的企业和个人信用证明近百万份。浙江省同时推进企业诚信、个人诚信、政务诚信三个信用信息平台,包容了 4800 万自然人、200 万家企业、13 个省级政府部门的信用信息。信用管理平台所出具的征信报告在重点工程招投标、药品安全、科研管理领域得到了广泛应用。浙江省将信用建设情况纳入法治浙江、平安浙江、文明城市等方面的政府工作目标责任制考核,提升了信用建设的地位。杭州市运行了政府联合征信系统数据库、信用服务数据库,并建成了政府联合监管信用系统、互联网信用信息发布系统,形成了由核心到外围、由采集到发布的信用信息管理框架,各大系统所保存的数据量达到了5亿多条。南京市依托诚信南京网和政府数据库,共设置了9个大类457个数据项,信用信息逐步丰富。

在信用城市建设方面,宁波市取得了较大的进展。近年来,宁波针对市场经济和现代化社会发展中的诚信凝聚力减弱、诚信危机加剧、损害经济成长等症结,提出全方位推进诚信体系建设,倡导诚信融入经济社会生活,以诚信建设提升城市文明、个人文明,从个人、企业、社区、社会等不同层面展开诚信建设的战略构想,有目标、有组织地持续开展公共诚信建设工程,在信用政策法规制度体系、信用信息平台搭建、重点领域诚信建设、诚信环境建设、诚信体系建设、"信用宁波"品牌理念宣传和行动方面开展了大量的工作。

四、宁波市诚信建设的措施和经验分析

我们可将宁波市的诚信建设措施归纳为设计诚信建设整体推进规划、构建诚信制度网和诚信环境圈、培育诚信行动力量等主要方面。

(一)诚信体系整体推进规划

经过多年的探索,宁波市诚信建设的战略部署已经基本成型,即以信用制度建设为核心,以公共信用平台为载体,以守信激励和失信惩戒机制、创新示范机制、信用服务市场培育机制为抓手,在政务诚信、商务诚信、社会诚信、司法公信等重点领域深入推进。为了分解诚信建设的任务目标,统一诚信建设的思想和步调,宁波市推出了《宁波市社会信用体系建设规划纲要》作为信用宁波建设的纲领依据,并将规划细化到区县、部门和行业,实现部门、地区全覆盖,上下衔接、部门联动、资源整合。

根据规划的总体设计,宁波市诚信建设按照边建设边应用、边应用边发展的思路,围绕经济发展的要求和信息信用管理技术的可为空间,率先完善市级公共信用信息服务平台建设,充实平台的建设内容和建设目标,提出建设时间表,启动信用宁波网升级改造,使信用信息平台具有信息交换功能、信息比对功能、信息统计分析功能、信息共享功能、信息发布功能。信用信息平台有专门的信用信息归集目录及数据库,为信用信息主

体、行政管理部门、信用服务机构提供信息查询服务。同时，规划也考虑到了分类开展诚信建设，争取先行先试、重点突破的可行性。

（二）构建诚信制度网

构建在诚信制度网方面，发挥支撑作用的是关于诚信建设的系列政府政策，包括宁波市政府办公厅等部门下发的《信用宁波网管理办法》《宁波市企业信用信息管理办法》《宁波市企业信用监管和社会责任评价办法》《宁波市信用管理示范企业认定办法》《宁波市信用管理示范企业培育和认定办法》；宁波市水利局、宁波市发改委、宁波市公共资源交易工作管委会办公室联合制定的《宁波市水利建设市场主体信用动态评价管理办法（试行）》《宁波市水利建设市场主体信用动态评价结果应用管理办法（试行）》；宁波市住建委、宁波市城管局等制定的《宁波市建筑工程施工现场信用评价手册（试行）》《宁波市建筑施工、工程监理企业和招标代理机构信用评价标准（试行）》《宁波市建筑市场信用评价管理试行办法》《宁波市建筑市场信用信息管理试行办法》《宁波市建设市场不良行为记录和公示办法》《宁波市建筑市场信用信息管理系统运行管理办法（试行）》；宁波市环保局主持出台的《宁波市企业环境行为信用等级评价实施细则》《宁波市企业环保信息共享实施方案》；宁波市质监局制定的《工业产品生产许可证获证企业质量安全信用管理办法》《食品生产企业信用管理办法》；宁波市安监局制定的《宁波市企业安全生产诚信机制建设激励约束政策》；宁波市旅游管理部门制定的《宁波市旅游协会会员单位诚信公约》；宁波市民政局制定的《宁波市社会组织评估管理办法》；宁波市总工会出台的《宁波市企业社会责任评价准则》。

根据这些政策，宁波市着手开展几个重点方面的诚信体系建设。一是诚信信息的收集和分类管理。目前宁波市建成的信用宁波网、企业信用信息数据库、金融信用信息基础数据库的系统功能和数据信息较为丰富，能够便捷地开展信用信息查询、信用信息公示、信用预警等服务，数据库已经累计发生了2000多万条查询记录。二是各个地区的特色诚信建设，如鄞州区开展的万达商圈综合信用监督管理平台，象山县开展的文明诚信家庭农户信用贷款试点,海曙区开展的医疗机构诚信执业网上信誉公示试点,江东区开展的航运物流企业信用监管试点,江北区开展的中小微企业信用贷款业务应用信用报告试点,镇海区开展的金融信用信息共享和应用机制探索,北仑区开展的工程建设领域诚信体系建设试点,奉化市开展的旅游企业信用体系建设,宁海县实施的汽车销售、维修企业行业信用评价办法,余姚市开展的农村道德银行建设等。三是重点领域的诚信专项治理。在工程建设领域,宁波市对建筑企业、从业人员、建设项目信息进行了录入,根据信用信息来监督管理工程项目的招投标、转包、分包情况以及安全生产情况,发布了建筑施工企业、工程监理企业、建筑工程招标代理机构信用评价标准、建筑企业信用证、施工现场信用评价手册,建立了约谈制度和黑名单制度。在产品质量领域,对企业的质量诚信信息、食品药品诚信信息、旅游质量信息进行了登记,建立了以企业组织机构代码为基础的质量安全监管业务平台、以预包装产品编码溯源为线索的产品质量信用信息平台,以信用信息为依据开展日常巡查、实地核查、执法检查。在安全生产领域,推出了信用等级评定制度、安全生产承诺公示制度、安全生产警示制度、信用信息公开制度、约束激励制度的同步运行,实时监管。在金融领域,引入宁波远东资信评估公司、宁波金融事务所公司、中国诚信信用管理公司宁波分公司等机构,对借款大户、中小微企业、小额贷款公司进行信用评级。在税收征管领域,税务机关成立了纳税信用等级评定委员会,出台了A～D各个级别的企业纳税信用等级标准。在政务诚信方面,宁波市政府早期推行的是政务网上公开制度以及网上行政执法系统、电子监察系统,在行政审批、财政预算、保障性住房、食品药品安全、价格收费、征地拆迁等管理环节逐步实现了信息主动公开。目前,宁波市利用云技术来建设宁波市政府信息公开微门户,使政府门户网站的信息和公民的手持终端直接对接。在司法公信方面,宁波各级法院为实现审判流程公开、裁判文书公开、执法信息公开的目标,建立了点对点执行信息平台和网络查询协作机制,制定了失信者黑名单公布制度,为诉讼执行征信制度进行了筹备。

（三）构建诚信环境圈

诚实守信作为社会成员所淬炼认同的一种道德和品质，它的影响和传播方式最初是自发性、民间性的，诚实守信往往和传统文化、乡土精神有一定的关系，在宁波市所处的浙东地区更是如此。历史上，宁波地区物产丰富、土地肥沃、商贾活跃、重视教育、儒风浓厚，在区域传统文化中就非常强调诚和信，诚信待人、诚信经商、诚信为学的风气也深刻地影响着宁波的经济、社会发展，造就了以"宁波帮"为代表的甬商诚信为本的经营道路，以诸多院士、科学家尤其是我国首位诺贝尔生理学或医学奖获得者屠呦呦教授为代表的甬籍学人的勤奋、诚实治学道路。从他们的成功实践中可以挖掘到恪守商业诚信、学术研究诚信等方面的线索。宁波市在诚信建设中非常重视储藏在民间社会中的大量诚信中坚力量，重视培育民间自生自发的、朴素性的诚信元素，将这些精神价值上升为官方认同的诚信检验标准，让信用水准与每个人的切身利益和发展关联起来，营造出一种守信者处处受益、失信者寸步难行的经济社会氛围。针对经济社会的迅速转型、精神物质利益的多元膨胀、信息技术的深度发展等挑战，宁波市运用报纸、电视、宣传墙画、标语等传统媒体以及网络新媒体进行日常宣传，教育和呼吁民众抵御违章违法行为和各种背信举动的冲击，结合贯彻社会主义核心价值观、创建文明城市、创建学习型社会等专题专项活动，开展道德讲堂、诚信活动月、诚信活动周、诚信誓词、诚信标志、诚信歌、签名征集、倡议书、节目表演等标志性宣传，进行诚信企业、诚信民营企业、诚信个体工商户的评选，以扩大诚信建设的影响力。

（四）培育诚信建设的行动力量

宁波市诚信建设已经开展了十多年时间，2002年成立的信用宁波建设领导小组是诚信宁波建设的主要推动机构。现在，领导小组和办公室承担的职责是统筹、指导、协调宁波市的诚信建设工作，在领导小组下还设置了联络员，负责市、区、各政府部门之间的联系。宁波市各个行政部门、行业主管单位在诚信规章制度的指引下，承担着信用信息统一采集、记录、分类、管理主体的责任,保障着信用信息的准确、真实和及时更新,并根据规定承担信息的查询、开发利用、个人隐私和商业秘密保护等职责。宁波市多个政府部门合力建设的数字化、信息化的信用征集和审查产品开发走在了全省前列。在经济管理中,各个政府部门将诚信作为一个重要端口进行政府职能对接,在食品药品、城建等要害部门开展了行业信用等级评价、行业守信激励和失信惩戒制度,对诚信行为审核通过的行政相对人给予优先办理行政许可、简化行政公务程序中需要提供的资料、实施绿色通道等方面的激励政策。在社会管理和公共服务职能部门,政府也将诚信建设作为抓手,如宁波市的人口基础数据库不但负责提供户籍人口信息核查,还可以发挥征信基础数据源、信息比对、数据分析等作用,使政府可以掌握公民的整体诚信状况,部分行业形成了诚信高地。

各种传媒舆论力量在诚信建设中表现活跃,积极对社会管理、公共服务中的守信行为进行褒扬,对诚信建设的意义和方式进行宣传报道。行业性的诚信推动力量较为活跃,如共青团组织开展的"诚信文化我倡导,诚信服务我践行",商贸类协会社团、民营企业协会、个体劳动者协会参与组织的诚信兴商宣传、评比活动。宁波市的企业参与诚信建设的积极性逐年增长。一方面,部分企业内部开始设置信用管理师岗位,鼓励企业人员报考相关信用资质;另一方面,数百家企业主动参加市级、区级信用示范企业、企业3A信用评价、纳税信用等级、进出口质量诚信企业创建和评选。21世纪初开始的宁波市诚信建设经过十多年的发展,初步建成了能够满足宁波经济社会发展需要、覆盖全社会的诚信建设基本框架,基本完成了社会信用基础性规章、制度、标准体系的建设,在政府信息公开平台、公众信用信息服务平台的硬件建设和信息共享功能方面取得了突破,在一些要害领域初步实现了守信奖励、失信惩戒的目标,配合诚信建设的公共信用服务机构、社会信用服务机构规模得到了壮大,全社会的诚信文化氛围较为浓厚,商业、政务信用环境得到改善,企业和市民从诚信建设中受益。宁波市的诚信建设在层级上属于省市层次的地区性诚信体系。这个层次的诚信体系具有关键性意义。一方面,它构成了国家诚信体系的基础,通过地方政府有效地领会宏观政策意图并开展制度细化设计、任务分解,使诚信建设实现自上而下地贯彻落实,不至于变成空中楼阁。宁波市制定出台的各类诚信建设意见和规章,不但融会了中央、省及各个上级部委的要求,而且还有一些超出或优于国家、省政策的内容,比如对诚信建设的重视和奖励意见。另一方面,宁波市的诚信建设发挥了"自我需求满足"的功能。宁波市处于经济发达地区,2014 年全市实现地区生产总值 7602.51 亿元,全市人均地区生产总值为 98972 元,城镇居民人均可支配收入 44155 元,农村居民人均可支配收入 24283 元。随着经济的成长,社会对诚信的需求也加大了。根据国外的发展经验,当人均 GDP 达到 5000 美元以上时,社会诚信状况将发生较大的变化,要么出现良性循环,要么伴随"中等收入陷阱"现象而出现信用断裂的情况。宁波市经济的活力在于港口经济、开放经济、知识创意经济,要使这些经济业态发挥亮点和活力,只能依靠进一步优化与经济密切相关的信用体系,建构有助于机构、企业、个人的竞争和合作格局,加强与国际接轨,提升宁波市在各方面的国际国内声誉,最大限度地优化发展环境。正是基于这种动力和压力,宁波市才一以贯之地健全社会信用体系,规范市场主体的经济行为,营造良好的经济氛围,为宁波市的经济实现转型升级赢得有利的外部环境。

宁波市诚信建设的另一个突出特色是贴近市场经济,瞄准民间社会。党的十八大和十八届三中全会提出,要使市场在资源配置中起决定性作用。市场经济就是信用经济。市场经济中的信用瑕疵会影响生产流通的效率和质量,降低企业竞争力和区域竞争力。宁波市民营经济较为发达,十几万家民营企业贡献了宁波市 70% 以上的税收、80% 以上的生产总值、90% 以上的新增就业岗位。由于信用信息建设的滞后,民营企业的信用状况难以准确评估,这影响了它们获得银行信贷的支持。在经济发展中存在信用需求的不仅仅是民营企业,还有其他市场主体。宁波市正视了这些社会主体的需求,以较快的节奏来建立社会信用体系,让市场主体有信用身份证和守信通行证。

联系国内外信用体系建设的做法和宁波市诚信建设工程的推进情况,宁波市在诚信建设过程中还面临着一定的挑战和障碍。主要体现为:

第一,诚信法治和政策建设较为分散,缺乏核心法规。在全国范围内看,国家关于诚信建设的法规还没有出台,宁波市目前制定的诚信行动制度主要是政府部门的规范性文件,极少有地方规章,各行各业尽管是"八仙过海"、各有建树,但整个诚信体系建设的基础性法规比较缺乏,现有的各项信用信息标准不统一,缺乏系统性。第二,部门之间的诚信引领和监控作用缺乏整合,虽然已经建设了信用宁波网,但各部门之间的信用信息交换还不够深入,信用信息主要是在本部门的平台上运行,容易产生信息分割和部门利益冲突,很大一部分信用信息的利用效率很低。第三,诚信建设保障体系需要加强。诚信建设需要工作机构、人员、经费等资源作为支撑,单纯依靠政府拨款和民间自发行为来开展诚信建设是不够的。掌握信用管理、信息系统的专业人才是支持诚信建设的软性资源,在这些人才的培养和使用上宁波市还有较大的滞后。第四,社会的主流意识与诚信氛围的衔接不够紧密。当前社会上金钱至上、享乐主义等意识相当流行,加上市场经济体系下很多文化产品、知识活动也被赋予了价格,而诚信是无法估价、不能买卖的,因此诚信文化和精神的宣传受到一定程度的孤立,个别企业和社会成员拒绝改造自身的诚信观,不注意提高道德情操修养,对违反诚信的行为习以为常,社会舆论对它们的监督和评判力度较弱,守信激励和失信惩戒方面的机制也没有及时跟上。

当前,宁波市委市政府做出了保障宁波市经济社会持续发展,进入全国大城市第一方阵的决策。宁波市需要在新一轮改革开放和体制机制创新中用好用足比较优势,创造诚信建设新高度,以诚信建设促进经济发展。因此,需要在诚信建设中培育新生力量,引入新的机制。

第四节　知识产权保护及其与诚信建设交集分析

知识产权的直接和间接市场范围非常广泛,既包括知识产权转让以及专用权许可的无形市场,也包括运用专有技术、标识或设计而增值的有关商品或服务所形成的巨大生产销售和经营市场;既包括已有的市场份额,也包括进入市场的权利。从实践上看,当前市场经济中爆发的一些知识产权纠纷折射出了市场经济在诚信上的博弈。比如"沃尔玛公司诉童小菊、家之宝公司商标侵权及不正当竞争纠纷"一案。被告童小菊、家之宝公司曾在第 11 类"灯"等商品上先注册了近似商标"沃尔玛WOERMA"及图,原告沃尔玛公司认为被告的行为是傍名牌,为了维护自己的商标专用权,请求法院认定第 35 类"推销(替他人)"服务项目上的"沃尔玛"文字注册商标为驰名商标,并请求获得跨类别保护。法院最终认定"沃尔玛"商标为驰名商标,但法院根据《商标法》对商标专用权立法原意的解释,认为在同类同种商品项目上只存在一个商标专用权,即使驰名商标的保护范围也不能跨出该类别项目。童小菊、家之宝公司注册的沃尔玛灯具商标也受商标法保护,未经商标权利人同意,不能将这项商标让渡给沃尔玛公司。从诚信角度看,我们不能简单地批驳本案中的被告缺乏诚意,注册沃尔玛这种有知名度的商标是投机取巧,因为在市场经济条件下经营者可以利用知识产权规则来为自己的产品扩大影响。从效率角度看,将"沃尔玛"这样一个可溢价的商标资源配置给沃尔玛公司不一定比配置给其他企业产生的效率高。同时,我们也不能完全赞同沃尔玛公司所提出的带有"沃尔玛"字样的商标所包含的利益应当理所当然地归于该公司的观点。沃尔玛公司期望的知识产权保护能帮助其排除市场上的伴名牌效应,消除其商标存在的外部性,让知识产权制度发挥保护诚信商业建设的作用的出发点是好的,但在这宗案件中沃尔玛公司为了争夺商标专有权有没有犯一些不诚信的错误?沃尔玛公司收回该类商标后有很大的可能是将商标废止或雪藏,这是否也有违诚信建设的初衷?通过这个案件我们看到,知识产权的介入使得市场纪律和主体诚信选择等行动更难以达到均衡,需要有多元价值观的介入来做出恰当的评判。相关领域的不诚信事件也影响到知识产权事业的健康发展。这些年来虚假广告、利用明星夸大代言的现象有增无减,例如影视明星郭某某代言藏秘排油保健品、刘某某代言"SK-II"化妆品、成某代言"霸王"洗发水、唐某某代言某医院等,名人们利用自身的影响力,在未对消费者人身健康、生命安全做出实质性保证的情况下,便做出误导性的宣传,间接损害了消费者的人权，违反了反不正当竞争法、消费者权益保护法等法规，也不同程度地涉及商标和商号的商誉。即便是那些不是完全虚假的宣传也会影响到知识产权建设，因为现实生活中商品和服务消费者在面对品种繁多的产品之时，容易受外界因素的影响，尤其是受从众从贵、信名牌心理的影响，代言人成功地将消费者对自己的信赖心理转移到品牌、商标、商号的商誉等方面，抹杀了知识产权制度中商品标识使用和保护的立法初衷，对于促进消费者层面的社会公共利益来说明显是弊大于利的。而且，对于这种明星夸大宣传、诱导消费者的行为，目前主要由消费者权益保护法、广告法、食品安全法进行规制，这些法律没有充分考虑到不诚信行为给知识产权制度造成的负面影响，如《中华人民共和国消费者权益保护法》只规定了"经营者应当保证其提供的商品或者服务符合保障人身、财产安全的要求"。《中华人民共和国广告法》只规定了"社会团体或者其他组织，在虚假广告中向消费者推荐商品或者服务，使消费者的合法权益受到损害的，应当依法承担连带责任"。《中华人民共和国食品安全法》只规定了"社会团体或者其他组织、个人在虚假广告中向消费者推荐食品，使消费者的合法权益受到损害的，与食品生产经营者承担连带责任"。这些都没有涉及知识产权的权威性和完整性。

一、涉及知识产权的非法产业链逐渐坐大

在非常活跃的互联网商务领域中，出现了各种类型的商标侵权案件，包括未经注册商标所有人的许可，在相同商品上使用与其注册商标近似的或在类似商品上使用与其注册商标相同或相近的商标，伪造、擅自制造他人注册商标标识或者销售伪造、擅自制造的注册商标标识，销售明知是假冒注册商标的商品；未经注册商标所有人的许可在相同商品上使用与其注册商标近似的商标或类似商品；使用与其注册商标相同或近似的商标，销售侵犯注册商标专用权的商品；在同一种类似商品上，使用与他人注册商标相同或近似的文字或图形作为商品名称或商品装潢；故意为侵犯他人注册商标专用权行为提供仓储、运输、邮寄、隐匿便利条件；未经商标注册人同意更换其注册商标并将该更换商标的商品投入市场。这些行

为已不再是单一化、个别性,而是发展到产业链层级。宁波杭州湾余某某等人制售假冒"方太"等品牌厨具案件就是一例。2014 年 10 月,杭州湾公安分局侦查大队通过企业走访发现了余某某等人制售假冒"方太""樱花"等品牌厨具的线索。经深入挖掘发现,此案中隐藏着一条集源头制假、加工、运输、分销、网店终端销售为一体的完整制售假冒厨电产品产业链。经过公安部牵头协调,2014 年 11 月 11 日,浙江、广东、四川等地公安机关根据统一指令对余某某等人组成的假冒注册商标犯罪团伙开展集中收网行动,共抓获犯罪嫌疑人 38 名,铲除制售假团伙 3 个,捣毁制假窝点 4 个、仓储点 6 个、售假窝点 9 个,关闭售假网店 95 家,同时现场缴获假冒"方太""老板""樱花"等品牌厨房电器成品 2000 余台,假冒"方太""老板""樱花"等驰名商标 3000 余个,涉案金额高达 2000 余万元。非法产业链的社会危害性或者破坏作用不仅仅在违法损害本身,更棘手的是它们的坐大会形成对相近的合法产业链的竞争,在无法实现违法行为零容忍的情况下,这条产业链的效率就会优于合法产业链,长此以往,会使得非法产业链占上风而合法产业链举步维艰,更多从业者会被吸引至非法产业链,如同经济学上所证实的"劣币驱逐良币"的原理。

　　知识产权非法产业链的滋生,既有大的社会背景,也有基于知识产权特性的独特特点。在大环境上,市场经济条件下便捷的资源要素、信息、人员流动和商业化模式的培育,使产业链的组构更加便利,也使得过去一些单打独斗型、局域型的违法行动被放大到行业型、区域型、流行型活动。风险社会背景下的社会安全环境、治理水平等方面在应对分布更加分散、分工更为细密、价值链条更为巩固、规避法律方式更为熟稔的情况,打击多层级、多节点的非法产业链时遭遇到很大的压力,效果也不佳。回到知识产权自身,由于知识产权不同于有体物,它是永不耗尽的,在知识财产上不存在明显的"公地悲剧"①,知识财产并不会由于消费而受到破坏甚至缩减。在目前的法律环境下,对知识产品的激励还不充分,知识产品的使用、消耗过程还比较粗放,整体保护水平还比较低,存在着使用的人过

---

　　① 指人们过度使用公共资源,从而造成资源的枯竭。

多、使用得过度的倾向。对于知识产权非法产业链的治理,需要考虑从外部遏制和从内部裂解两种渠道,而内部裂解产业链的做法需要与产业链存在利益影响的社会成员的动员和集体行动,需要有社会资本的介入。

二、知识产权权利冲突现象较为严重

知识产权容易与一些私权利的权利认知和权利边界发生冲突,典型的情况包括知识产权与人身性权利之间,如著作权与肖像权、名誉权之间的冲突,商标权与肖像权冲突等,典型案例包括名人名誉权纠纷案、名人书信拍卖案件、油画艺术展引发的人体模特名誉权纠纷等。相应的,知识产权内部的各种权利类型相互之间也会发生冲突,如发明、实用新型及外观设计专利权之间、商标和商号之间的冲突,商标和版权、商标和外观设计、版权和外观设计之间的冲突,域名与商标、商号等标识性知识产权之间的冲突,外观设计专利权与商标权的冲突,商标权与著作权的冲突,商标权与在先使用的商品的特有的名称、包装、装潢权利的冲突,商标权与企业名称权冲突等。如 2013 年 3 月 19 日,宁波巨扬日用品有限公司获得了国家版权局出具的"女王刷子"作品著作权登记证书,作品登记完成时间为 2009 年 1 月 1 日。2013 年 7 月 15 日,宁海某文具厂则取得国家版权局出具的"美女刷子"的作品登记书,作品登记完成时间为 2008 年 3 月 18 日,早于巨扬公司作品登记完成时间。2013 年 4 月巨扬公司发现"女王刷子"产品在网络上进行宣传营销,遂诉至宁波市中级人民法院。在案件审理过程中,巨扬公司举证证明其关联企业早在 2010 年就拥有与涉案作品相同的外观设计专利权,被告宁海文具厂则辩称其作品完成在先,但未提供其他证据予以印证。最终法院认定原告巨扬公司作品创作时间早于被告,被告应当承担侵犯著作权的相应民事责任。

知识产权出现冲突,既可能是出于权利客体出现重叠、法律规则发生重合等法律原因,更可能的原因是权利主体的权能超越了某种"度",其行为蜕变为对权利的滥用,或者侵入他人的权利领域。此处所指的度,表现为时间度、空间度、效能度和对象度这四种维度。就知识产权而言,这四种维度表现为保护期的有限性、空间上的地域性、权能上的独占性和对他人的绝对性。从主体角度看,因为知识产权关系的主体具有广泛性及分散性,建立在相同知识产品上的利益可能归属于不同权利主体,如著作权人与作品载体(如文字作品的载体为书本,美术作品的载体为画布或纸,建筑作品的载体为建筑物所有权人)就分属不同的权利体系。从客体角度看,知识产权关系的客体——知识产品具有较强的非物质性,其获取和消费方式极度复杂。从内容角度看,知识产权权利内容主要偏向于对不特定人的禁用,而这是与个人偏好与利益选择针锋相对的。著作权、专利权、商标权相互之间并不是采取权能分离而进行的制度设计。知识产权通过转让、许可使用的方式进入流通领域时,不存在自物权、他物权之说,也不会产生新的知识产权,这使得知识产权相互之间,以及同其他绝对权之间具有了权利行使上的冲突性的导火索。从主观因素看,法治进程的深化使得社会主体的权利意识勃兴是一件好事,但社会主体争取权利、维护权利的行动不断升级,维权意识高涨并相互冲突,会酿成更多的个案纠纷,法律反而会疲于应付。从解决冲突的法律逻辑看,有时依据法律所做出的合法性/违法性的判断会忽略一些重要的元素。例如,“老干妈”商业标识纠纷,最后被告被认定为不正当竞争,但不可否认的是被告对于“老干妈”标识的商誉积累也做出了重大的贡献。同样的例子也存在于红罐凉茶、狗不理包子、永和豆浆等案件中。同时,依靠法律来解决冲突,需要耗费庞大的司法资源,当事人寻求救济的法律成本高,也会使部分当事人对设置权利的法律产生怀疑,从而削弱法律的权威性。这还使得市场秩序不稳定,风险具有不可预测性。因此,不能寄望于法律层面的利益协调机制来化解所有的知识产权权利冲突,而应当在法律之外、法律之上寻找冲突化解方式,比如运用社会资本元素。

　　上述知识产权领域暴露的问题,与诚信建设有密切的关系,在解决这些问题时,需要把知识产权的特征与诚信建设的原理有机地结合起来,发挥各自解决方案的优势。

第五节　社会资本对知识产权保护、
　　　　诚信建设的促进机理分析

一、社会资本的概念和结构

法国社会学家布迪厄最早将"社会资本"概念引入学术研究,目前这一概念的学术影响力迅速突破了传统的学科界限,得到了经济学、政治学和管理学等诸多学科研究者的青睐。早期研究者倾向于认为社会资本是指一个社会中人们的合作倾向,在社会资本比较高的社会里人们倾向于通过合作来获得社会效率的最大化,而不是互相猜疑、互相算计,导致"囚徒困境"。[57]Rack 和 Keefe 则进一步强调社会诚信、合作道德规范和团队精神都属于社会资本的范畴,从而从理论上肯定了社会资本在提高社会互信合作方面的作用。Portes 进一步提出社会资本通过以下两个机制提高社会诚信:第一,社会道德对人们不守信行为形成内在约束;第二,社会舆论对人们不守信行为给予外部惩罚。[58]奥斯特罗姆指出,社会资本的建立是克服集体行动困境最适当的路径,社会资本会考虑不同的生活角度下的个体的主张、要求和愿望。我们通常区分的个体利益、社会利益、公共利益都在社会资本中得到一定的体现。华裔社会学家林南提出社会资本根源于社会网络与社会关系,是植根于社会结构的资源,而可借由目的性取得或动员。[59]日本学者 Francis Fukuyama 也认为,在社会资本承载的网络关系中,处于有利位置的一方能获得大量的、可靠的、及时的和有利的信息,将网络治理上的有利地位转化为竞争优势。经由互信、互动关系所凝聚的社会资本,将决定一个国家经济的繁荣与竞争力。

按学界较一致的看法,社会资本概念可以分为两个基本层次:一是微观层次(又称个体/外在层次)的社会资本,它是一种嵌入于个人行动者社会网络(social networks)中的资源,产生于行动者外在的社会关系,其功能在于帮助行动者获得更多的外部资源;另一种是宏观层次(又称集体/

内在层次)的社会资本,它是群体中表现为规范、信任和网络联系的特征,这些特征形成于行动者(群体)内部的关系,其功能在于提升群体的集体行动水平。大量经验研究表明,微观社会资本有助于个人得到就业信息、社会资源、知识及社会支持,因而有助于人们获得更高的社会经济地位;而宏观社会资本则对提高社会的经济绩效、推动和维护民主化进程、消除贫困、保证社会的可持续发展等起着不可或缺的作用。[60]

通过一定方式可以对社会资本进行计量和比较。有些研究者通过问卷调查方式来了解社会资本,比如张维迎和柯荣住曾委托"中国企业家调查系统"对全国15000多家企业的管理者进行了问卷调查。调查问题是"根据您的经验,您认为哪五个省份的企业比较守信用?"他们根据回答结果编制了中国各省份的社会资本(诚信)指数。他们认为,经济发展比较好的上海、北京、浙江、江苏和广东等地的企业比较守信用,相应的社会资本水平较高,而经济发展相对比较落后的宁夏、海南和西藏等地社会资本水平较低。有些研究者通过一些客观的指标来推动地区和国家社会资本水平,如选举投票率、无偿献血率、遗体捐赠率、每万人口中红十字会志愿者人数、各省份的社区公益服务站数目等。他们认为这些指标反映了民众对公共事务、对需要帮助的人的关心、关照程度。虽然社会资本统计方法有所不同,但所反映的核心内容是信任、公德等方面的状态。

二、社会资本在诚信建设过程中的作用

社会资本是一种无形性的、网络性的人际关系构建和人际交往规则,发挥着一种软约束作用。社会资本对于外在的经济和政治以及内在的文化、道德都会造成一定的影响,其中也包含了诚信建设。

(一)社会资本是文明社会的隐形财富

不管是在哪个时代、哪一种政府治理模式下,社会资本的网络建构都是不可或缺的。尤其是当前全球化过程中日益壮大的公民社会。公民社会可以定义为独立于国家和市场的社团和行动领域。在这个领域中,民众可以组织起来,单独或集体地寻求实现某些对他们而言很重要的目的。

公民社会与政府、与私人部门之间的区别很大程度上在于社会资本的分布。在政府和私人部门中,市场交易活动或科层组织活动中的许多交易成本被社会资本所化解,部分机会主义行为、资本局限性、少数人利益等现象得到缓解,信息传送的断点被修复。而在公民社会中,人们通过网络关系进行社会参与。人们逐步发现建立在市场经济和社会化大生产基础之上的公民社会相对于国家的权威性格与企业的营利性格有其独特优势,是现代社会良性运行和协调发展必不可少的重要功能系统。就如普特兰所指出的,一个积极参与的公民社会,能提高社会网络信任感,促进社会资本的累积。为确保社会资本得以持续累积,必须由政府、公民社会、企业建立适当的连接机制,建成国家与社会之间的网络关系。这种连接不单纯是工具性的利用,而是一种自主性的行动。尤其是在社会公共事务管理的功能方面,社会资本直接影响着社会主体调整社会公共事务,执行社会职能的效果。通俗的理解是,在经济、社会生活中,社会资本往往与一些传统型或者新兴的价值风尚、行为准则、评价尺度连接在一起,通过这些社会软力量来发挥其效能,比较常见的包括诚信原则、互惠机制等。

(二)社会资本直接提升社会诚信水平

Fukuyama 在其 *Trust*[61] 一书中指出:在亲戚、朋友、生意伙伴之间,关系和声誉类的社会资本能够起到维系合作的作用,因为对熟悉的人撒谎很容易被发现,会声誉扫地,从而失去未来大量的合作机会,得不偿失。Fukuyama 举出荷兰的例子,认为荷兰虽然是个小国家,但却拥有不少像飞利浦那样的大型跨国企业,其原因是荷兰这个国家的国民之间互信程度很高,使企业得以做大。其他研究者也发现,在社会资本水平较高的社会中,人与人之间比较容易打交道,特别是在陌生的人之间或者在陌生的环境下,互相欺骗的情况比较少发生。Guiso 和 Zingales 指出,在社会资本比较高的国家和地区,人们投资股票等风险资产的意愿比较高,因为被上市公司和交易商欺骗的可能性较低。Mayer 指出,在 20 世纪初世界各国的法律体系远没有今天之高效,政府监管也很薄弱,但当时股票市场仍然能有效地运转,因此不难看出社会资本和社会互信是维系股票市场运转的重要原因。[62]Allen 和 Qian 分析了中国在不完善的法律体系下取得骄人的经济增长的现象,认为中国的私营企业往往从丰富的非正式融资渠道获得大量的资金来支持其成长,而非正式融资渠道,如向亲戚、朋友、民间互助会、民间非正式金融机构进行短期借贷,只能凭信任、关系、声誉来维系这种融资关系。[63]

(三)社会资本对法律规制形成有益补充

在影响法律价值实现的诸多因素中,社会资本是不可或缺的,法律纠纷的调适也离不开社会资本。在人类社会普遍存在各种社会关系的调整上,社会资本倡导的行为准则和法律能够进行较为精确的对位,尤其是所有人都被卷入的财产性法律关系。社会资本机制肯定财产行为存在社会价值,认同人对有价值的存在物可形成支配。更重要的是,社会资本机制为权利人采取什么方式让渡财产的问题提供了一些价值选择和伦理判定的模板,如尊重独立人格和人的尊严,将产权关系推广为一种社会关系。社会资本具有促进资源流动和互补(appropriable)的特质。[64]在一定条件下,社会资本作为一种协调人际行为的非正规制度,或非制度化的行为规则,能够促使法律规制效应的充分发挥。

(四)社会资本对经济伦理和行为产生重大的影响

第一,社会资本促进产权观念改造。在高度集中的公有制经济体制中,财产绝大部分属于国家或集体,产权形式非常单一,很少存在个人财产权。在这种经济结构下所诞生的社会资本,是单位社会的氛围和人际关系,它帮助和维持这种具有较大模糊性与笼统性的共有产权关系,并将其神圣化、均等化,就像我们经常提到的"吃大锅饭"。改革开放以后,新的产权形式不断涌现,原有的单位社会体制趋向解构,多年积累的组织、系统、单位、班组等样式的社会资本消失殆尽,一些市场经济条件下的社会资本得到了酝酿,如提倡和激励个人的劳动及财富创造,在拥有产权方面平等看待每一个社会成员。这种承认个人和群体差异的社会资本,在解决仿佛是人人所有而实际上人人都没有的旧式产权关系矛盾时发挥了新锐作用。同时,这种社会资本呼吁政府要重视个人产权,重视创造产权的个体。在个人产权彰显的基础上,这种社会资本也认为我国需要建构和维护社区产权、行业产权、国家产权等公共产权。

第二,社会资本纠正财产权观念上的传统误区。中国所在的东方地区的传统文化存在对于创新事物的人格展现不足的问题。不少人认为智力创造的成果属于时代,归属于群体,而非归功于个人。对于知识产品也天然地认为它是一种公器,人人得而用之。新时期的社会资本发生了很大的转变,认为智力产品来源于个体的心理活动,所有的智力产品都体现创造者的人格,无论是技术性强的智力产品还是主观性强的艺术作品,在创作过程中创作者的意志和人格都有充分的体现。出于对创造主体自由意志和人格尊严的尊重,新时期社会资本张扬财产权是代表着一定社会所确认的人们对某种财产或资产所拥有的各种权利,而且是人的社会存在的一种肯定方式,在一定的物的存在和使用问题上需要建立人们之间的各种权利关系,不但将财产的利用奉为权利,并且将很多权利与财产挂钩,甚至民主权利、自由权利也有其财产意涵。在利用他人权利指向的财产时也建立了规则,不赞成无序的、任意的利用。

第三,社会资本重视分配前提和规则。在前提方面,新时期的社会资本承认财产权的可转让性。一方面肯定转让权是主体自由处置产权的权利,象征着主体自由;另一方面主张采取何种方式、怎么去让渡财产存在价值选择和伦理约束问题,主体对抽象物享有独占性权利,他人要利用此抽象物的有形载体,必须得到抽象物主体的同意,这样就在物质依赖关系之上添加了一层人身依赖关系。在分配规则方面,新时期的社会资本支持财产具有社会属性,分配财产时要体现自我性、排他性和效率性。自我性是人的尊严和人格确立的基本表现之一,意味着凡财产分配总会受到主体意志的支配,权利人是自主的,不能无视权利人来进行分配。根据财产的有用性和稀缺性可以延伸出财产的排他性,也就是主张财产权的划分应能够实现产权的不可侵害性,产权人以外的其他人的行为应当是无害的。效率性认为,各种财产资源的配置应考虑到激励和约束机制方面的问题。

第四,社会资本注重权利的特殊性。在权利主体方面,新时期的社会资本倾向于同样的物权可以为两个或更多的人同时拥有,但同样的知识产权则不能同时为两个人所拥有(如相同的发明创造只能授予一个专利权)。在权利授予方式上,新时期的社会资本不拘泥于传统认知上知识产权由国家授予,倡导权利的自然性。在权利调节上,新时期的社会资本注重移植历史经验,发挥习俗、理论等调节工具的作用,将一些约定俗成的规范引入知识产权的法律依据当中。不过,当权利主体的独占性力量过度增长以至于影响他人的消极性自由时,不对权利进行必要的干预可能会面临危险。

第五,社会资本重视创新的全面价值。由于人们看到知识创造不单是个体的个性化行为,并发现知识活动不仅有利于促进创新,而且有利于促进经济发展,于是更加关注创造者及其共同体。新时期的社会资本主张个人从事创造性活动离不开其他人的相互行为,存在着一种知识创造中起重要作用的知识共有物,一些在他人创新性活动中酝酿出来的信仰、观点、理论是进一步创造的可利用资源。同时,对于创新产物创设独占性权利时,要防范大量的权利被集中在少数人手中的不利局面。

上述功能体现了社会资本元素对诚信建设的直接影响。与此同时,社会资本也会影响到其他类型的经济社会行为,间接地释放其社会能量。和任何精神层面的思想、信仰一样,社会资本中也有其非正面、非积极性的一面,比如我国传统社会体制中沉淀的"讲关系"、"拉帮派"、遵从权威、忽视个体等思潮和行为惯性,这些社会资本元素与新兴的经济社会发展势头存在着冲突,会耗损经济社会进步的势头,也是我们需要警惕和避免的。

三、社会资本如何解决知识产权领域的诚信问题

社会资本是过程性事物,是在反复的社会运行和人际交往互动中不断发掘、集聚、比选、定型的。在不同的经济域、社会域中,社会资本的丰厚程度、社会网络的绵密程度存在差异,尤其是在一些经济社会生活的新

兴领域,企业和民众的接触不深,对物质财富和精神财富的生产机制、配置方式、分配机制等缺乏共识,导致这些领域的社会资本比较匮乏。换言之,有一些沉睡的社会资本需要唤醒,有一些隐藏的社会资本需要开掘,有一些初生的社会资本需要培育。

知识产权是知识、经济、法律、社会四者的高度结合。知识是核心内容,法律是制度保障,经济因素是目标,社会因素则是完善和发展的内在驱动力。在知识产权事业发展中,存在着一些关键性的社会资本元素。

(一) 互惠

互惠是极富社会性色彩的范畴,简单理解,互惠是指用积极的行为回应他人的积极行为,是个体间相互依存与互补性关系的生动体现。[65]互惠的前提是感觉到他人的善意,作为回应,给他们一种奖励性的回报。在如何判断他人的行为上,人们往往根据的是行为意图以及行为结果,传统道德中要求的"与人为善,推人及己"就是最朴素的互惠。用经济领域的眼光看,互惠的含义更为明确,它包括公平的意图和公平的分配,有时是两者兼具,有时则存在着行为人的潜在意图难以判断,但行为结果仍属良善的现象。具体到商业交往中,互惠表现为在谈判或订立合约的过程中注重支持,在一定程度上为对方着想。经过较长时间的培育,互惠会演化成一种把获得既有的支持放大成较大回报的责任感,类似于中国传统文化中的"滴水之恩当涌泉相报",并使这种行为对行为的回报能够持续下去。互惠的明显优势在于能够简化人际关系、权利关系中复杂的计算和谈判过程,帮助人们形成共同的预期,降低博弈的风险与成本,引导人们有序地交往与互动,形成经济均衡、心理均衡和规则均衡。[66]有研究者还提出市场主体之间的互惠合作可以产生"互惠性增溢价值",形成对有限或稀缺资源的互补,促进市场繁荣。如果将之推广到社会领域,则会带动社会效益的产出倍增,形成社会繁荣。

在知识经济条件下,相对于可见资源,知识和技术的财富属性日益明显,从根本上改变了单一的"资源—劳动力"的经济循环方式,使得原本存在区隔的产业部门、层级融合成不可分割的整体,也使得国与国之间、人与人之间的界限更加模糊,更趋于复杂网络化。知识、技术虽然也有估值手段和交易规则,但知识迁移和技术扩散的渠道还不通畅。因此,实现知识、技术层面的联合、互动,有助于激发更多的财富、价值,即知识、技术方面的互惠。知识产权是知识、技术的外化,在知识产权领域谋求互惠,达致互惠,生成特定的分工规则与交易规则,改进分工基础上的利用,增加资源与人之间互动的联结点,营造较佳的知识产权均衡反馈,能够推动科学技术发展上新台阶,进一步延伸知识—财富转化链条,优化社会网络,催生新的互惠能力与互惠机制。

在不同时空条件下,有不同的互惠维度,用通俗的话说,"帮人要帮到哪个份儿上",但互惠共同的底线应是公平公正。公平公正本身就是人的社会本性之体现,是人的社会价值追求之所在。公平公正一方面源于人的天赋自觉、道德内省和认知趋同,即善恶区分、价值判断,另一方面来自对分配行动和结果的辨识能力,对多重自我实现的评价能力。自觉践行公平公正是困难的,它更倾向于传统依赖、制度塑造和环境压力。

(二)社会责任

近几十年来,企业社会责任理念(corporate social responsibility, CSR)在全球范围内兴起,使得企业社会资本的话语更具体化。狭义上看,企业不仅只对股东负责,还需要对关系人团体如消费者、雇员、供货商、债权人和主管机关以及其他人负责。具体而言,企业社会责任可分为三个层次:第一层次是传统的善行,如公司通常会从税前盈余中提出一部分用于员工福利和社会公益,取之于社会,用之于社会。[67]很多公司不仅仅限于开出支票做慈善,还发动股东和员工投身公益事业,让投资者知晓慈善款项使用是否得当,让员工有公益方面的参与感和成就感,从而增加公司社会形象。第二层次是风险管控责任。当发现产品或生产行为可能或已经对社会或环境造成伤害,或者遭受舆论批评时,公司不仅仅通过金钱赔偿来解决问题,而且下决心管控社会风险,采取积极的措施与政府、非政府组织、公众团体进行沟通、商谈,如实披露信息,订立行为准则,承诺操作透明化。同时,公司也与同行竞争者商订共同规则,提高预防和处置水平,降低危害风险,形成行业自觉。第三层次是战略性企业社会责任,即企业在制定发展战略时,将社会责任作为重要考量因素,树立做好事才能使经营成功(doing well by doing good)的理念,帮助企业致力于可持续发展,以高于法律法规要求的标准,尽可能提升员工福利、社会小区环境与公共福祉,赢得可以创造实质效益的契机。波特教授指出,长远看来,社会和经济目标本质上并无冲突,而是完整地联结。企业当前的竞争力取决于企业可以使用劳工、资本和自然资源来生产高质量的产品和服务的能力。而长远的竞争力在于企业能够参与社会事务,使企业与社会同蒙其利。[68]

当前,知识产权的保护范围在全球持续扩张,保护水平在国际范围内迅速提高,各种具有市场前景和投资价值的新型知识产品不断被纳入知识产权保护范围,如生物技术领域的植物新品种、动物品种、微生物和微生物学方法、基因与基因方法,其中有些内容是传统专利范围所没有的。信息技术领域的计算机软件、集成电路、数据库、网络传播权和技术措施权等则扩充了版权的保护类型,商业方法这种原本属于人类智力活动和思维方法范畴而不具有可专利性的知识产品,也有被逐渐归入专利客体范围的趋势。知识产权制度面对这种冲击,需要做出如何保护更多的客体、如何改进授权标准及授权程序的应答。创新者及其投资人对知识产权保护的需求超越了社会公众的需求。相应的,创新者及其投资人所应承担的社会责任也应当增加。如呼吁知识产权法保护商业方法,就要承担起让公众安全、便利地使用电子商务服务的责任;要求知识产权制度保护数据库、网络版权作品,就要承担起增进信息自由传播、知识公共分享的责任;要推行技术措施和电子合同,就应当保障作品的可得性责任;要获得对遗传信息及其派生产品(如基因药物、基因诊断与治疗、转基因植物品种)的权利,就要负起便于公众对基因信息相关利益的使用与分享的责任;要对自然资源和传统知识(如基因资源、民间艺术)进行高科技开发,生产基因药物、艺术作品等知识产品,就要承担尊重保护资源拥有者、原住民权利的责任。总之,曾被视为“富人的粮食、穷人的毒药”的知识产权不能进一步恶化,不能像科斯和波斯纳曾说的那样,知识产权制度在超过最优点之外进行扩张所带来的危险,与该制度随着复制成本(特别是与质量相应的成本)的持续下降而面临被毁灭的危险是一样大的。在知识产权保护的同时知识产权利益者的社会责任也应相应增进。

(三)社会交换

社会交换是一类重要的社会资本活动形式。谈及交换,人们会自然而然地联想到民事契约的"对价",它实质上是以权利义务为外壳的利益相互交换关系。[69]在商业活动中,经济上的对价强调平等主体在进行交换时,以相当的付出来取得等价的收获,而深层次的对价在于社会关系层面,人们确信将自己的一部分利益处分出去或者将义务负担起来,可获得公共权力对自己应有权利实在的法律保护。[70]社会交换的正当性基础在于:首先,每个人都有通过其创造性的劳动获得知识产权的平等机会。获得的方式既包括原始创新或创作,也包括有权借鉴、引用前人的智力成果,每个人愿意或者不反对自己的智力成果最终进入公共文明领域。其次,每个人分享知识财富的权利平等。知识产品生产的最终目标是增大公共利益,直接目标是给创造者带来名誉、财富等现实利益,分享这些文明成果是公共利益实现的方式,不应当被闭锁。但分享并不意味着免费使用,也可以是支付许可费的法定许可,但先决条件是知识产权创造者和使用者之间保持平等,使用知识产权的渠道多元。

在著作权制度中,法律确认作者对其作品拥有较长期限的专有权利,而作者则相应地需将其作品公之于众并发行传播。这些作品在保护期届满后,就自动无偿地进入公共领域。这就体现了一种社会交换精神。一方面,创作者通过作品获得经济利益的期望可以实现,创作得越多,经济上的回报就可能相应地增加。另一方面,著作权制度对作者精神权利的永久性保护,使作者自己的精神生活体验与社会文明体系建立了联系,贡献了公共知识,同时收获文化荣誉,形成了超越经济回报的社会回报,这也成为促使作者进行智力创造的另一重动力。

在专利制度中,政府代表社会公众对科学技术以及生产力发展的概括需求与发明人进行交换,用授予的垄断权利来换取发明者公开技术的对价关系。政府承担着在一定期限内依法保护专利权的责任,专利权人则有义务将其发明创造的技术方案完整清晰地公之于众,并最终使其归之于公有知识领域。

在商标制度中,国家支持商标权人在一定的商品和服务领域获取和使用商标,以帮助消费者区分商品与服务的来源,并促进品牌信誉的建立。商标法设定的规则是,只让商标注册人使用注册商标,排除其他人获取和使用相同或类似的商标,而这一规则中隐含着两方面的意思:一方面,消费者通过商标可以确信商品或服务的提供者是谁,消费者消费商品的代价中也包含着消费商标;另一方面,商标权人在展示自己商标的同时应做出对消费者承担商标质量责任的承诺。因此,商标权人的承诺带有社会性,是与多数人的利益实现进行交换。

在科学和文化发展的道路上,有较强的知识继承性规律,任何新作品都直接或间接地利用了已有的知识财富,任何新技术都是建立在前人的研究开拓基础之上的,后来的创作者、发明者都需要合理地利用前人的作品或者发明设计成果。后续知识产权创造主体与已有知识产权主体的交换至关重要。[71]如对于作品的利用,他人可以在一定范围内合法地使用著作权人的作品,用于交换的对价是尊重作者的著作权精神权利和财产权利,尤其是精神权利中的各项权益,即在文明体系中准确地标记著作权人的地位。对于这种利用,双方之间不一定构建民事契约,维系双方之间信任关系的是社会交换契约。著作权人相信后来的利用者不会故意去篡改、亵渎其精神创造成果,后来的使用者通过吸取前人创造的营养形成超越前人的新文明成果,在成果的内容、形式等方面可以不受到原有成果的约束,享有创作的自由。在专利法中,他人也被允许在科研实验中使用专利方法或产品,以便研发出新的科技成果。但目前在知识产权的一些方面,社会交换的有效机制发挥不足,存在着著作使用权与作者著作权、改进专利与基础专利的论争无法很好地平息解决等现象。在这类事件中,知识产权人和社会公众之间的平等沟通关系没有构建起来,双方都抱有限制对方利用知识产权成果的想法,把主要精力放在知识产权的限制与反限制、正当性使用和不正当使用等的细节上,而对于如何汲取社会资本元素开展弹性较强的社会交换没有很强的兴趣和行为,导致知识产权摩擦常态化、利益对立尖锐化。但我们没有理由将"洗澡水和孩子一起倒掉",忽略社会交换可能带来的纠纷解决契机,而一味地求助于行政保护、司法保护。

社会交换并不一定促成公平。[72]有时会出现强知识产权人—弱知识产权使用人之间的交换,需要联合其他社会资本共同发挥作用,如公平原则,即主体之间公平相待,交换应该是有偿互利的;经济利益合理照顾,在法定范围内应该兼顾各方当事人的利益;财产责任合理分担,当权利人的财产利益受到损害时,应该得到同等价值的补偿。

(四)社会权利

社会权利是一种抽象观念,是权利价值理念、产权伦理原则在社会主体心理意识中的内化,包括了社会主体对一定权利价值和原则规范的认知定位、意志取向、情感倾向,反映着社会共同性的利益、要求、意志反映和表达。与个别主体的权利行为、道德行为相比,社会权利存在着某种高于、异于个体目标理想的方面,有可能发展出新的价值目标。在财产获取问题上,社会权利观的看法是,人对财产的支配一方面是人的自由意志和本质力量的体现,另一方面是人的社会存在和社会价值的肯定方式,它精确地反映了人与人之间的关系。财产制度的确立在与人们普遍信奉的社会和产权价值观相吻合的场合下,才可能有效地运行,反之则成为乌托邦,比如人民公社时期的公共食堂怪事。[73]在财产转让问题上,一方面社会权利观承认财产权的排他性、权利独立性,支持依法律机制和产权制度建构财产转让的依据和运行原则,划定财产行为的尺度;另一方面,社会权利观也注重财产转让中的伦理原则和道德意识,并主张主体认知和处理财产关系的实践精神影响着财产权利的制度安排和人们处理财产关系的实践,有必要对财产制度作为一种社会强制制度的存在进行证明,对财产行为的正当性、道德合理性进行评价。[74]

对于当前的知识制度而言,一方面,社会权利观强调通过激发个体做出社会所要求和期望的行为,来实现整体社会关系模式系统设定的要求,获得预期的社会效果,如对发明创造授予专有权的激励,对取得知识产权的权利人合理使用知识产权的激励。社会权利观考虑的是根据主体对行为目标追求的意愿程度设计相应程度的激励。当知识产权人受到正确、充分的激励时,就会大大提高能力的发挥程度,而且这种激励并不只是限于物质性的,精神激励以及半物质性激励也能产生类似的效用。另一方面,社会权利观考虑到,如果公民对知识产权的独占性权利进行无限追逐,知识产品利用中所隐含的人身依赖关系就会产生一种危险,也就是说知识产权这种无形财产制度不是促进社会共同体的自由,而是限制自由。当知识产权主体所独占的抽象物为社会所普遍依赖的重要资源时,该类抽象物主体即意味着拥有巨大的威胁力,有必要进行调节。

四、社会资本在知识产权诚信建设过程中的运用机理和证据

知识产权存在不同的种类,版权、专利、商标等不同类型的知识产权在诚信水准的认定标准、实现方式、守信激励、失信惩戒方面的做法存在差异,相对应的社会资本的运用机理和方式值得研究。

(一)版权诚信与社会资本

版权制度最初体现的是一种契约利益,创作者的利益是制度保护的重心,尤其是对财产利益的法律保障,而出版者或传播者的利益紧随其后。随着时代的发展,创作者和传播者的人格权益得到提升,通过创作和出版发行行为能够获得良好的社会评价声誉以及相应的经济收益,尤其是社会效应的彰显符合鼓励创作与传播的价值目标,使得版权的社会价值属性显露出来,为此出现了版权合理使用制度。该制度进一步划分了使用者与创作者、传播者的利益范围,对作品的私有领域与公有领域设定了界限,通过许可性规范工具,在一定程度上限制了创作者和传播者的权利,摆脱了个人学习研究或者公益性使用作品的不方便,同时又限定使用者的行为不能突破法律规定,不能损害作者的人格权益。对于版权合理使用制度,法律方面的肯定性评价占据主流地位,认为这种合理地分享和利用知识的制度设计具有正当性,认同在合理使用的基础上有利于形成

创作者、传播者、使用者的和谐共荣的关系,赞成在合理使用过程中各有关利益主体应严格遵守法定的原则和标准,规范自己的民事行为,使用者必须正当而诚信地使用他人作品,创作者和传播者对此必须给予容忍和方便,版权诚信成为重要的版权行为指南。但在实际生活中,自由利用版权遭遇到不小的诚信挑战,各种模仿、抄袭以及许可手续缺乏的复制、下载、传播都顶着合理使用的"帽子",给版权发展和保护造成了很大的难题。对此,人们求助于技术措施来反盗版、反下载,反对无限次或免费使用技术,反对无授权地剪辑、编辑作品。

依照社会资本的眼光,文化艺术及科学作品及其衍生的利益是一种社会资源,对其合理使用就是一种渗透着社会资本的平衡配置机制。科学技术有助于实现版权诚信,但技术限制措施也会产生一定的反向效应。一方面它可能大大缩减了作品合理使用的空间,不适宜地阻隔了社会公众合理接触作品的自由,破坏原有的利益平衡格局;另一方面,技术措施可能为违背公序良俗作品规避法律审查提供了便利,并导致对公共秩序保留原则的破坏,甚至有可能出现技术措施设置者对私人信息进行搜寻而侵犯他人隐私的情况。针对这些问题,需要强调版权人的社会责任,深化版权内容和传播形式上的社会交换理念。

(二)商标诚信与社会资本

商标诚信的首要挑战是遏制出于营利的目的实施伪造、仿冒他人注册商标及产品的侵权行为,同时还存在其他方面的诚信问题。随着商标实践的复杂化和利益的复合化,研究者呼吁,应当对民商事活动中出现的一些与商标专有权保护存在密切联系的行为进行规制,以应对新的间接性商标诚信问题。[51]社会资本在这方面的应用也是为了达成双重目的:一是阻止商标侵权;二是对商标权人的权利主张和非商标权人的邻接商标行为辩证地进行调控,以实现商标权的诚信行使。在后一方面,社会资本更有用武之地。

1. 以社会利益精神来规范商标非商业性使用活动,弘扬诚信商业文化

商标的显著特点是使用范围广泛、宣传功能突出、公众知晓度高。除

了在广告、商品身份、转让等商业目的上使用商标,出于文化研究、新闻传播等非商业目的也可能需要使用商标(商号)。现在,在新闻媒体中报道市场竞争的状况、商标的知名度、消费者的看法、专家意见等比较多见,有的报道活动变相成为广告文宣策略,亦称之为"软广告"。如今的影视娱乐作品中也充斥着大量的植入商标行为。同时,在社交媒体、用户论坛、专业网络社区等新媒体形式中出现很多对商标所承载的商品的使用体验、商业策略分析、商标权人与消费者之间的互动等现象。这类行为内容广泛、传播迅速,有些话题的活跃周期很短,有些则会长期发酵,对商标的知名度形成冲击。如中央电视台 2013 年以来报道了一些外国婴幼儿奶粉品牌实际上是华人在国外注册商标后加工生产的内幕,引发了假洋品牌奶粉风波。2014 年,原告宁波又一猫国际贸易有限公司发现,网名为"月光光照荷塘"的网友先后在宁波本地某知名论坛上发帖,陈述使用了在又一猫网站购买的尿不湿后,孩子下身红肿并入院就医,并说又一猫公司服务态度傲慢等等。该网帖被论坛做了置顶处理,有很多网友评论跟帖,造成又一猫公司在"双 12"网络促销期间销量骤减。又一猫公司认为,使用者和发帖者都无法证明使用尿不湿造成婴儿身体受损这一事件,尿不湿本身的质量认证手续和进货渠道无虚假,发帖者此举给公司带来了损失,为此起诉到法院。发帖的网友辩称,发帖的内容是 QQ 群中的朋友讲述的,并非个人虚构,只是希望通过网络平台对商家进行监督。论坛管理方表示,论坛具有非营利性和开放性,它们并没有收取任何一方的费用,对网友在论坛上的发言无法逐笔监控。在法官的主持下,双方最终自愿达成调解协议,发帖网友在本地媒体及发帖论坛上刊登道歉信,费用自行负担,并赔偿又一猫公司经济损失 1 元,又一猫公司放弃其他诉讼请求。这一纠纷的处理表明,在非商业性目的使用商标商号的纠纷中,各方行为人可以本着有利于社会、有利于消费者的原则,通过意见交换、协商调处来消除分歧,促成商务诚信。

2. 以互惠为"栅栏"约束商标的合理使用行为

从语义学角度看,绝大多数商标都是由各类词汇构成的。词汇可以用于表征商品质量、主要原料、功能用途,也可以包含更本原的文字信息。

商标权人以外的经营者看中的是这些文字信息，他们在商业实践中经常使用已注册商标的一些构成要素。在商标现象充斥于大街小巷，商标成为金钱、利益的同义词的背景下，商标的合理使用成为考验商标诚信的重要领域。

商标合理使用的前提条件是商标使用人出于善意且对商标的使用不损害商标权人的核心权利，在此情况下商标可以被无偿使用。在商业法律实践中，对于商标使用是否合理需要根据一些标准加以判断，如使用方是否作为商标使用，使用的文字、图形数量及其显著性，被使用商标的显著性和知名度，相关的商业惯例，使用引起的经济后果等。国家工商总局也曾发布过《关于禁止擅自将他人注册商标用作专卖店（专修店）企业名称及营业招牌的通知》，以加强商标行政管理。但在商业活动中出现了五花八门的商标使用行为，比如一些以地名、历史名词、科技名词等为内核的弱显著性商标被频频使用，一些含义较为模糊，但具有较高商业价值的词汇更是"满天飞"。在商业创意勃发、技术更新速度加快、市场竞争激烈、消费者的知情权受到重视的现实条件下，在商品上使用已注册商标能够使消费者获得更丰富的信息来源，有助于消费者了解他人所提供的产品和服务的真实信息，使消费者能够选择不同层次的服务。在社会分工趋于专门化的形势下，围绕着一些较复杂的产品形成了上下游产业链，围绕着一些著名商标开展服务可以突出其竞争优势，保证较好的利润，这种商标使用对于商标权人来说也有有利的一面。但不利的一面在于，这会导致消费者不容易鉴别他人所提供的产品及服务与所使用商标之间的联系是真还是假，无法证实产品和服务的质量，导致不诚信的厂商"挂羊头卖狗肉"，反过来影响所使用商标的美誉度。宁波市镇海区一家药房经宁波市工商局镇海分局核准注册企业名称为"开心人大药房"，在药店店招、包装袋等上使用了"开心人大药房""开心人"字样，并对字体进行加大加粗、艺术化处理。后来，江西开心人大药房连锁有限公司提出异议，指出"开心人大药房"商标是国家工商行政管理总局商标局核准注册的商标，镇海这家药店不得冒用，双方谈判无法解决纠纷，最后由法院判决镇海方赔偿江西方 2 万元。

针对这些案件,可以利用社会资本来促进使用者主观上多一些善意,形成法律工具的有效补充。对于商标权人而言,正确看待商标承载的信息和价值,以平和的心态对待他人对商标的使用,是商业社会资本的基础性要求。正如美国最高法院大法官霍姆斯所说:"一件商标给予其所有人的排他权只能用来保护其产品的声誉,以防止他人的产品利用该商标。在一件标志的使用方式并没有欺骗公众的情况下,该标志还达不到不许别人用来出售真实产品的神圣地步。"就他人使用自己注册商标行为提出质疑,进行交涉时,要有切实的依据能够证明其商标被他方使用与自身受到的侵害有直接的联系,如拿出名誉受损、经营业绩明显下降等方面的确切证据。对于意欲使用权利人商标的使用者而言,合理使用他人的商标的前提是重视和充分使用自己的注册商标,其次才是适度使用与他人注册商标近似的文字作为商品名称,或作为商品包装设计,或用于叙述、说明商品的特点,或者描述某种商业活动等,但要严格自律,减少各种搭便车行为,如突出使用他人商标中的说明性文字,将他人的注册商标置于商品包装的中心位置,将相应字体放大并进行艺术加工以引起公众的注意,而将其他的说明性词语和自己的注册商标置于不明显之处,甚至不标明自己的商标。也就是说在使用他人商标中的成分时要做到主观上没有攀附的动机,只使用必需的文字、词汇来说明商品的型号、质量、原料、功能、用途、数量等,不再染指商标中的其他成分,没有暗示自己的商标与他人的注册商标存在某种关系。

3. 以社会治理的观点来看待比较广告

比较广告有很长的历史,在美国很早就有比较广告的诉讼,我国也存在较多比较广告现象,如矿泉水广告中提及其他厂商生产的纯净水、天然水,药品广告提及其他药品的疗效、副作用。比较广告的存在有其必然性,商标法无法禁止不同厂商生产同一种产品,厂商有权利说明他们生产和销售的产品与其他公司的产品是一致的,这样就必然会提及他人的商标。在市场竞争中,消费者的心理往往是"货比三家",比较、评判冠以不同商标的同一类产品,最后决定选择哪一件。通过比较广告,商品生产者和经营者可以清楚地说明自己的产品与其他厂商有何异同,向消费者提供更多的信息以帮助消费者选购商品或接受服务。同时,厂商也可以通过比较广告增加自己的知名度。但在比较广告中通常会采取一些导向性语言或者特定的艺术加工,可能会出现贬低他人商品以抬高自己的商品,使被比较的经营者的商标发生贬损的现象。宁波市法院曾经审理过类似案件。广东科顺化工实业有限公司的产品在业界有一定的知名度,科顺公司发现浙江某防水工程有限公司在公司网站上展示了广东科顺公司的多项产品,并配有说明,宣传该产品的性能不如该浙江公司的产品,但其宣传中有不少夸大不实之处。广东科顺公司诉至法院,要求该浙江公司删除其公司网站上的不正当竞争内容,并登报道歉,赔偿经济损失。法院审理认为被告的行为属于具有欺诈性质的虚假宣传,已构成不正当竞争,判决被告赔偿原告经济损失 25 万元并登报道歉以消除影响。

　　比较广告是跨越商标法和广告法的混合议题,我国主要以广告法的一般准则来进行规制,要求广告对比内容真实、客观、全面,不得损害竞争对手的商业信誉和商品声誉。在市场经济转型时期,现有的广告法和反不正当竞争法都只能发挥局部遏制和事后纠正的作用,而广告者的职业操守和合理竞争、广告主对广告价值的合理诉求、广告主和广告业者之间正当委托关系的构建、行业组织的引导和裁决、公众舆论的监督以及广告受众——消费者的适当"免疫力"等则是治理恶性比较广告泛滥的基础环节,这也是社会资本在商业诚信领域的一个重要发力点。

　　4. 以诚信原则识别商标先用权问题

　　商标先用权制度是法律原则与商业惯例相结合的产物。从商标的发展历史来看,早期的商标都是基于使用而享有商标权,后来才引入了基于注册而获得商标权。这样就可能出现在先使用人使用多年的商标被他人拿去注册,在先使用人一夜之间就失去使用资格的现象,同时也难以避免他人抢注历史悠久的非注册商标的现象。我国在 20 世纪 80 年代之前商标注册基本上是空白,很多商标处于使用但未注册状态,也难以断定哪种商标是在先使用,尤其是像"狗不理""冠生园""王老吉""稻香村"这些历史渊源较为久远、文化氛围较浓的商标。商标法制定以后,对商标使用先后问题有了原则性规定。商标法在 2013 年修订时,借鉴了其他国家的立法,确认商标在先使用人的先用权,即在商标注册人申请商标注册前,他人已经在同一种商品或者类似商品上先于商标注册人使用与注册商标相同或者近似并有一定影响的商标的,注册商标专用权人无权禁止该使用人在原使用范围内继续使用该商标,但可以要求其附加适当区别标识。

在商业实践中,商家在经营宣传和扩张中做到不过度使用商标在先权是不容易的,比如宁波市曾经发生了"永和"豆浆系列商标、商号争议案件。如果企业的经营策略和商业道德水准变化,难免会引发后续的纠纷,将企业搅入"口水战"和诉讼混战。因此,在遵守法律的同时,在商标使用上发挥商业诚信的作用意义重大。比如,应当遵循在他人申请商标注册前商标人已有使用商标的事实优先原则。在他人商标注册后,在先权人应当基于善意来使用商标。不能采取不正当竞争手段恶意影射他人注册商标之信誉,也不能在使用商标时刻意与注册商标权人的商品和服务相混淆。商标先用权人应约束自己的商业行为,只能在原使用的商品范围内使用商标,不得将其扩充用于其他商品。商标先用权人最好在商标上附加适当的标识加以区别,以免消费者发生混淆等。

5. 以社会利益的立场处理商品平行进口问题

在经济全球化背景下,我国消费者有越来越多的机会购买和使用国外的商品,在商标实践中也遭遇到一些问题。如在中国市场上销售的一些洋奶粉品牌,定价较高,在商标及品牌宣传上均声称自己是原产于新西兰、澳大利亚等国家,在国外有大型的养殖和生产基地,技术先进,质量有保障,可是,经网络用户爆料和新闻媒体调查,这些所谓的洋品牌在国外属于子虚乌有或者仅仅注册了一个空头商标,然后将产自中国的原材料或半成品运送到国外进行贴牌包装,转一圈又回到国内,实际上是利用各国商标登记制度和海关输入制度的差异,将自己包装成洋品牌。另一种现象是伴随着互联网经济出现的海外、境外代购现象。一些较为著名的国外商品,如化妆品、服装、电子产品、食品等,在国内与国外(境外)的售价有较大的差距,有时在国内销售的价格成倍于国外(境外)。同时,在商品品质上国内进口的同品牌商品逊于在国外(境外)销售的商品,于是一些网站和个人开展海外、港澳台代购业务,这些代购涉及平行进口问题,对消费者可能造成不利的影响,比如购买了代购商品的消费者往往会面临海关补税、罚款,国外生产厂商拒绝提供同等的质量保障和售后服务等困难。这些涉及商标法理论中的商标权用尽制度和平行进口制度。平行进口对我国的经济利益有着较重要的意义。TRIPS 协议也对平行进口问题持开放态度,为我国法律发展和司法保护提供了较大的弹性空间,也使得我国可以将商业手段和法律手段并用,根据国别贸易需求来解决平行进口争议。除了法律上的操作性,我国还需要充分发挥商业资本力量、商业智慧策略,并利用国家贸易中的影响能力、议价能力,协调有国际市场的商标商品的进出口行动,在保护国家经济安全和维护商标权利上形成行业性、局部性乃至全局性的均衡。

(三)专利诚信与社会资本

当前,企业中最有价值的知识产权是专利。拥有专利权的公司,在企业的竞争力、获利能力、企业估价、技术保护能力、公司购并、技术授权、资产评价、专利让与、侵权诉讼等活动的进行中都具有优势。就专利授权来看,通过标准、专利、产品层层授权换取权利许可收入已经成为部分企业获利的重要来源。在 20 世纪 90 年代时,全球专利授权金额已达到 1000 亿美元,随后更是成倍增长。[75]

在知识产权谱系中,专利权相当特殊。有研究者认为专利权是一种法律拟制的权利,并不是从自然法意义上的基本权利衍生而来的。单单从法律角度解释专利权,不容易解释为什么专利权只有在权利存续期内才被赋予人格利益和财产利益,不容易解释专利授权的先申请原则,不能解释为什么后来的独立发明者不能获得相同的垄断利益,不能解释为什么很多发明者仅仅只享有署名权的事实,这些需要结合人和社会的因素来进一步理解。从发展历史来看,专利并非起源于普通的民事权利或者财产权,而是起源于封建社会君主授予的"特许权"。中世纪欧洲一些由官方颁授的"特权专利",目的在于用特许的手段吸引技术人才在本国产销新产品或传播技术,并避免先进技术流向外国,这实际上是一种单边争夺新技术与新产品保护,明显具有世俗的功利目的。现代专利制度发展的结果是,专利由特许权演变成一种现代民事权利,保护的重心由"特许者"与"被特许者"双方的经济利益转向"发明创造者"的智力劳动成果。这使得专利具有了越来越强的主体方面的色彩。

在社会生活中,专利制度能够激发人们对科技创新的热情和积极性,也可能会妨害有需求的人对技术的合理利用和继续开发。从专利权的门槛看,人人都有权从事发明创造活动,但不可能人人都有专利权,相关公众只能消费他人这种权利所衍生的产品或服务,而且后来的发明创造还不可避免地受到在先专利垄断势力范围的阻碍。从专利的地域性看,授权国无不希望专利权人能够在本国内实施其发明创造,更好地促进本国经济和社会的发展,但专利权人往往有其自己利益的考虑,不一定愿意实施其专利,外国专利权人尤其如此。因为如果专利权人在每一个授权国都实施专利,在经济上并不合算,许多厂商在国外申请专利的目的仅是为了在产品的出口中获得一个有利的竞争地位,同时占据在该授权国相关领域的垄断地位。可见,专利行为中有很多的利益博弈,需要利用社会网络和社会资本来调处争议、纠纷。

1. 在专利纠纷的调处上,可以发挥妥协机制的作用

专利法规定,除了已经在专利申请日前实际使用相同技术之外,已经做好制造生产和使用的必要准备的,也属于在先使用的情形,可以在原有范围内继续制造、使用。在专利纠纷中,也有一些柔性的处理方式,如"珠海晶艺公司诉深圳机场、北方国际公司"专利侵权纠纷一案中,法院认定被告深圳机场候机楼玻璃幕场支撑结构中的一种连接装置侵犯了原告的专利权,但基于社会资源应该节约和其他方面公共利益的考虑,法院认为不必要造成更大损失,因而没有判令被告停止侵权、拆除侵权产品,而是责令被告赔偿原告专利使用费的损失。这些是否意味着知识产权保护严格程度可以适度降低,对部分不法专利行为可以做出必要的妥协呢?在社会资本语境中,妥协并不意味着利益被割让,而是将多元化的利益朝协同方向推进一小步甚至是一大步。社会资本意在成全他人利用公共知识,调和个人权利和公共领域。这种理念也影响到专利的强制许可。在某些情况下,专利权人已经垄断了某种技术方案,尽管相同或实质相同的

技术可能被其他人研究开发出来,但未经专利权人许可谁都无法合法实施该技术。从经济角度出发,由专利权人垄断技术而不应用,会导致技术进步的受阻和公共福利的损失,而打破这种僵局也需要给予先研发专利技术的专利权对应的信赖利益,即专利强制实施不意味着没收这些专利,而是容许其他发明人在较为严格的自律承诺下,绕过专利权人来利用专利技术。

2.在专利行为的引导上,可以借助"章程化"做法

仿效公司法中类似于公司章程的规定,将专利权属问题固化为各方权利主体所认同的章程条款,或者就专利研发成果的归属及权益分配问题制定一整套规约,形成共同遵守的"内部宪章",以弥补法律政策规定的空白,改变多主体多协议的低效与权益失衡问题。就法律格局而言,章程有自治和他治的双重定位。比如,在英美国家,公司章程的组织大纲主要规定公司的外部事务,公司章程的细则则主要调整公司内部事务。推及其他章程,都会包含有赋权乃至强制的成分,以方便章程圈中的人士通过互动来解决彼此之间的问题。凯尔森甚至认为社团章程是调整成员行为规范的总和。与契约相比,章程带来的是强度更大的自治和内部救济。因此,章程可以说是一种超级"契约",可以成就与法律秩序相似的次级秩序。根据经济学上的合约理论,章程的好坏影响到经济行为的成本。由于事前无法考虑到交易或者合作中的要素,加之信息的延滞性,因此需要有一个弹性机制来"打理"合约各方的权利义务,作为先行契约的延伸。在章程框架内,合约各方的经济人的有限理性和投机行为可以被限制于一定幅度,利益交换中的通用模式可以被有效塑造。除了公司之外,一些非营利组织在章程上的运用证实了这一点。专利的"章程化"可以在知识产权主体之间建设稳定的知识产权"生态系统",通过相对不变的"章程"实现创新成果利益分配的可预期性与稳定性,进而达到提升知识成果共享程度和知识转移效率、降低创新风险的目的。同时,专利权属分配由"契约化"转向"章程化",也可以为下一步在知识产权产业链中建立和运营"专利池"(patent pool)以及专利联盟铺垫好标准化的路径。

3.在专利滥用问题上坚持社会利益原则

专利立法的目的原本是通过赋予专利权人的排他性权利（exclusive right）使专利权人在一定时间和地域范围内享有专利技术的市场独占优势，从而保护创新。但专利权人的市场独占优势可能会与自由竞争、公平交易等民商法原则发生冲突，专利权人有机会利用专利权取得法律允许之外的商业利益。因此，在某些情势下需对专利权人进行一定的法律限制。各国专利法中均体现了这一精神，例如限定专利申请的范围，对于专利的保护期间不予延展，当专利权的保护对公共利益造成危害时应体现公共利益优先，并规定专利行为无效的条款。在专利联盟组织中，也存在权利滥用、限制市场竞争的可能性，主要表现为联合行为与独占行为。如利用专利许可费门槛来提高产品的价格、私下分配市场、限制产量，或联合起来排除其他潜在市场的市场竞争者。而现实中要证实这种操纵市场、限制竞争的疑点还比较困难，因为专利联盟也可能基于降低成本、提高质量或增进效率的目的，而共同采取统一商品规格、型号，共同研发商品和开拓市场，也可能基于联盟成员的实力和兴趣而选定不同的地域、技术、产品发展方向，或者在对外贸易订单的分配、进口产品的额度上形成约定，或者在经济不景气时，共同采取市场收缩、降价、促销措施。这类行为不能简单理解为不正当竞争。从社会利益的角度考虑，应当倡导不推崇个人的虚荣和嗜好，不鼓励在技术领域"圈地囤货"，不仅仅满足于对新发明构思的欣赏和惊叹，还要激励人们努力去学以致用，造福社会。

上述分析表明，在知识产权的创造、运用、管理、保护环节中存在着社会资本介入的证据，尽管社会资本并不是以权威性、决定性因素的身份来干预和决定知识产权权利义务的具体行使过程的，但如果缺乏社会资本的"润滑"，知识产权事业发展中将会产生更多的冲突摩擦，调节知识产权关系的法律规范、政策力量和主导知识产权的利益因素之间会出现断层，法律、行政干预的效果会打折扣，甚至会出现与预期相悖的结果。同时也可以看到，社会资本在知识产权事业中所发挥的效能不仅仅是促进权利实现和义务履行，在某些知识产权权利边界模糊，法定权利和经济、社会利益存在冲突的场合，社会资本通过释放出诚信能量来解决法律难以周全的问题,将知识产权诉求转换为诚信话题,帮助知识产权事业保持良性发展,克服不利因素。正是由于法律规范、政策激励、执法保护、社会资本促进等方面力量的凝聚和联合,知识产权权利人和利益相关者之间所建立的知识产权生态才能趋向积极、和谐。

五、社会资本对知识产权保护的作用展望

第一,通过深层激励和约束两手抓,鼓励诚信的知识产权创造目标导向。目前,我国将知识产权(专利)的申请授权作为重要的创新指标,通过专利资助政策、高新技术企业评定、科技型企业认定、重点实验室和企业工程中心设立、科技奖励评审、市长质量奖评选等政策环节,引导企业去申请知识产权,并通过产学研结合、扩大知识产权服务体系等渠道,带动创新的主动性和积极性。在进行物质激励的同时,还需要增加诚信激励,加强对创新意识文化以及保障创新正当性的诚信文化的培育和引导,形成物质激励和精神自觉相结合的知识产权创造引擎,以鼓励社会成员和企业潜心创新,自主创新。同时,针对创新过程中可能出现的封锁信息、排斥合作、知识产权服务机构不忠诚履职以及冒领、抄袭、阻碍他人创新的不正当行为,需要重点考虑加强知识产权创造过程中的社会资本约束,让创新者能够真正享有其智力成果,让抄袭、剽窃者受到否定评价。

第二,制度规范和诚信护航两种调控方式并用,保证知识产权成果应用和转化中的诚信。当前,知识产权的应用和产业化成为转型升级的重要推手,包括互联网＋、大数据、工业4.0在内的新思维、新业态的各种规划都非常重视知识产权的运用。各地积极引导企业推进知识产权的商品化、品牌化和标准化,提升知识产权转化运用水平,并通过财政、税收、产业、土地、人才、金融等政策的配套支持,使知识产权创新成果落地。但政策支持与知识产权运用之间存在一些隔阂,企业、产业、高校、科研院所回应这些政策努力的步调并不一致。如有的企业为了获得高科技企业、示范企业的头衔去储备和购置知识产权,却不努力将其转化为产能;有的高校和科研院所在对待科技成果评价体系时投其所好,重视论文轻视知识产权,重视申请知识产权忽视运用知识产权;还有些部门、企业在知识产

权运用过程中掺水、掺假,冒领、骗领政策红利;有的企业则通过技术垄断、专利壁垒等方式狭隘阻碍同行的发展壮大。对这些现象,除了运用知识产权政策工具进行调控外,还需要借助诚信建设的理念和方法,打通知识产权创造和运用之间的梗阻,使知识产权创造者、拥有者理性地行使权利,提高知识产权成果转化的效率,使知识产权商业化、财富化的行为符合和服务于经济建设的大局。

第三,信用资本和诚信规则联合使用,防范知识产权风险和诚信风险。我们应当看到,知识产权创造活跃地区也是知识产权纠纷高发地区。知识产权增量和纠纷发案数量呈同步增长趋势。知识产权制度中自利、利他的成分比重相当独特,很多情况下对知识产权的价值认知以及当为、应为的界限比较模糊,身处知识产权保护第一线的权利人、利害关系人习惯于游走在法律和政策边缘地带。对此,只有深入理解知识产权中的利益密码,并启动包括利益调节机制在内的多重调节机制,方能开展综合性的治理。一方面,需要将知识产权发展与投资环境优化、商务诚信普及等工作结合起来,将商务资源、商务规则和知识产权规则协同起来,将行业性组织的知识产权自律能量调动起来,使得涉及知识产权的商务活动具有较高的可信度、践约度、合规度;另一方面,需要充分利用社会资本、信用资本来治理侵犯专利、假冒商标、侵权盗版等行为,帮助权利人快捷、低成本、妥善地处理知识产权纠纷。前述提到在宁波市各级法院每年受理的知识产权民事纠纷案件中,通过调解或调处撤案的比例高达70%以上,远远高于法院判决和执行的比例,在这背后无疑是社会诚信机制在发挥作用。

综上可见,诚信建设不是无源之水,而是从各种经济社会现象中汲取资源,形成协同。知识产权事业作为经济社会发展中权重较大的领域,既肩负着提升自身诚信水准、服务创新驱动的职责,同时,也要发挥向外溢出能量,促进商务、政务、文化方面的诚信建设的作用。如果仅仅依靠经济利益和法律规则驱动,知识产权是难以完成上述使命的,只有更多更好地吸取和融合社会资本元素,知识产权事业才能做到多点开花、兼顾内外,为诚信建设做出贡献。

第五章　政府、企业、社会协同知识产权执法保护格局的构建

　　国务院发布的《国家知识产权战略纲要》提出，要健全知识产权执法和管理体制，加强司法保护体系和行政执法体系建设，提高执法效率和水平。这一纲领性文件着重强调了知识产权行政执法。知识产权行政执法是知识产权保护的重要一环，也是一个瓶颈问题。一方面，知识产权执法的场域空前扩大，由实体性的市场环境、生产环境扩散到虚拟环境、网络环境，新兴的网络社群、电子商务媒介中的知识产权违法现象成为知识产权执法新开辟的战场；另一方面，知识产权执法的资源、模式也在发生变化，单单依靠专利、版权、工商部门执法力量，仅仅通过群众提供的线索、市场纠察发现的线索是远远不够的，高速发展的网络技术使得传统执法带有很大的滞后性。

　　产业链分工、知识合作已经成为全球经贸活动的必然趋势，跨国公司推出的很多产品的设计、加工、检验、流通在不同国家完成，任何一个环节出现的知识产权争议都会影响到其他的环节，进而影响到全盘业务。一些知识产权侵权事件，如域名注册、假冒商标和盗版产品在网络平台上流通，常常跨越一个国家的地域范围，在这种情况下，单靠传统的国内行政机关执法很难见效，对此企业是不应当置身事外的。除了国家间通过签订双边或多边知识产权保护协定外，还可以发挥企业的主人翁精神，让企业和社会协同保护知识产权。特别是跨国企业，其拥有雄厚的资金和技术，又在多国设立公司部门，熟知各国法律，和各类商业机构、中介服务机构有广泛的交往。跨国公司还比较重视公共关系和社会责任建设，和社会各界接触机会较多。因此，如何合法有效地构建保护机制，构建广大企

业乃至外资企业合法参与协同执法的现实基础,将是本章节的重点。

第一节　知识产权协同执法保护研究简述

一、关于协同开展知识产权执法的研究

有学者认为,当前行政执法中出现的"集中执法＋部门协同"的模式就是协同执法的具体体现。集中执法是考虑将执法权主要交由执法能力较强的执法主体来行使,它可以代行其他行政部门的执法职责;部门协同是既坚持执法权的集约配置,也动员其他部门协同执法,实现治理目标。对于多部门协同执法会不会对依法行政造成冲击,会不会产生执法机关之间的博弈,还有一些不同的意见。[76]但总的来看,行政部门间协同执法在我国已经逐步常态化,可以把它作为执法权配置体制的衍生物。

在知识产权执法领域,近年来,我国各地纷纷探索了跨部门与跨地区知识产权执法协作机制,建立了一些知识产权联合执法的平台,改变了各主管部门单独执法的局面。研究者认为,当前较为通行的执法协同体主要由知识产权系统与公安、工商、质监、海关等部门以及司法机关构成,主要的工作机制是知识产权行政机关作为先行执法力量,其他行政机关作为后援力量,司法机关选择性参与执法活动。某一行政机关发现违法线索后,再通报其他行政机关考察有无更多的违法线索,各个行政机关联合实施行政处罚。对于涉嫌刑事犯罪的假冒、诈骗等行为,由行政执法机关将案件移送公安机关,视情况决定是否需要进一步提请司法机关追究刑事责任。对于行政机关做出的行政处罚决定,由司法机关的强制力来保障执行。研究者也指出,知识产权行政执法协同体的领导和协调体系构建较为关键,一般由中央和政府通过领导小组、联席会议等架构来确认执法参加者,实施执法智慧,解决执法争议,还可能涉及执法处罚收缴资金和款物的管理、划拨问题。研究者也发现,受到经济区域一体化和治理范围扩张的影响,当前知识产权行政协同执法已经从某一行政区域内部逐

步演化成跨行政区域,形成省内乃至跨省知识产权执法协作机制,如长三角地区、泛珠三角区域、环渤海地区跨地区执法协作机制。这种行政执法、司法保护协作配合处理知识产权纠纷的模式所体现的积极的方面是能够减少知识产权违法行为执法遗漏的现象,多种行政处罚的叠加增加了执法力度,信息线索的分享有助于提高执法效率,但就执法成本而言,这种协同体制还需要高层级行政部门的指挥和各行政机关之间的协调,才能体现出优势。

在行政部门间协同执法的基础上再推进一步,就涉及政府部门与社会主体之间的协同执法问题。研究者认为,推进上述主体之间的协同执法,除了行政机关应破除社会主体是执法对象、是被管理者的思想障碍外,社会主体方面也要克服一定的障碍。首先是信任障碍。研究者指出,当前社会中普遍存在的信任资本的严重缺失,使得实现社会协同治理的心理基础十分薄弱。不但人与人之间的普遍信任严重不足,社会分歧比较明显,而且,在现代市场化进程中,整个社会的趋利性较强,许多社会主体沉迷于逐利,其服务意识、法治意识、诚信意识十分淡薄,公众对社会的忠诚度、公民的认同感和公共制度的权威性都受到很大的影响。其次,在社会主体之间流行着一些非正式的社会关系和制度安排,就是通常所说的"私了""人情",这已经成为人际交往和社会资源交换的重要指导原则,对法治思维和法治精神造成了冲击,导致社会组织、市场组织与公民无法有效约束自身,在协同执法这种严肃问题上,各种社会主体的地位作用、权责范围、运行规则等无法有效维持。此外,社会主体参与协同执法的网络还不健全。政府与社会主体之间缺乏足够的对话平台与沟通渠道,协同执法所需要的组织网络与运行机制还比较缺乏。社会主体虽然有意愿,但在参与合作、乐于奉献的精神气度和价值取向上还显得不足,公共责任感不强,尤其在不利于自己的利益面前会表现出各种不合作意识。

保护知识产权就是保护生产力,因此,针对知识产权保护主体的源泉从何而来、知识主体间的关系建构、保护主体之间的"协同"等问题的研究具有紧迫性。

二、知识产权执法协同体系的由来与进展

知识产权协同执法,直观的理解就是多个主体在执法过程中统一立场、分工合作,共同实现执法目标。

基于执法权派生于政府的事实,知识产权协同执法首先是知识产权行政执法机关之间的协同。主要的实施模式有两种:第一,同一地域的行政执法机关开展协同执法,如浙江省义乌市多年来在开展联动执法、信息资源等方面的执法合作;第二,跨行政区域乃至跨省域的行政执法协作。例如:2003 年在国家知识产权局主持下,北京、上海、广东、浙江、福建等16 个省市代表签署了《省际专利行政执法协作协议》。根据该协议,作为协作网成员之一,凡是 16 个省的专利权人或利害关系人欲对发生在其他协作成员管辖范围内的专利侵权纠纷寻求行政处理的,均可以选择向本省知识产权局提起请求,符合条件的,予以立案并向有管辖权的协作成员移送。必要时协作成员可以开展协同调查取证。2005 年,上海市、江苏省、浙江省知识产权局以及江苏和浙江两省所辖 24 个地级市知识产权局的代表签署了《长三角地区知识产权局系统专利行政执法协作协议》,建立了所在城市的专利案件移送制度。2006 年以来,湖北省知识产权局与其他 10 个省区市知识产权局开展了协作保护方酒瓶专利的执法行动。2006 年以来,广东省等省份已经连续召开了 10 届珠三角区域知识产权合作联席会议,签订了泛珠三角区域知识产权合作协议等文件。

更进一步的知识产权协同执法出现在政府与市场主体之间。知识产权行政执法机关在早期已经注意到了互联网经营者在执法过程中的特殊作用。2005 年国家版权局、信息产业部联合发布的《互联网著作权行政保护办法》就明确了网络服务提供者的行政责任,以加强保护效果。这一规定同时也对电子商务领域的网商平台产生了一些间接影响,因为网商平台与网络著作权服务者的角色有一定的类似性。2006 年国务院颁布的《加强知识产权执法行动的新指南》,要求政府在知识产权执法中更加主动,要设立特别知识产权投诉中心。这一中心除了按照往常的惯例交给政府支持的消费者协会之类的社会组织来维护之外,还可以由涉及大

量知识产权事务的企业来牵头组建。

在此方面迈出重要步伐的是浙江省知识产权局与阿里巴巴公司、淘宝网。从 2010 年起,浙江省知识产权局开始探索电子商务领域专利保护工作,2011 年该局与阿里巴巴公司、淘宝网签订了知识产权保护合作备忘录。2014 年 4—7 月,浙江省知识产权局组织杭州、宁波、温州、嘉兴四个局的执法人员以及知识产权维权援助中心工作人员进驻阿里巴巴集团,在全国首先开展了"电子商务领域专利保护专项行动"工作。2014 年 12 月 15 日,浙江省知识产权局与阿里巴巴(中国)有限公司在杭州共同签署了知识产权保护合作备忘录,达成共同打击电子商务领域专利侵权行为、探索完善电子商务领域知识产权维权体系的合作意向。双方将推进共同加强电商环境下的专利保护立法研究和实践,共同探索建立电商环境下的专利侵权纠纷投诉处理新机制,共同开展专利保护专项行动等三项重点工作,最终推动建立电子商务领域知识产权保护长效机制,有效遏制电子商务领域知识产权侵权行为[①]。目前,阿里巴巴公司知识产权投诉平台平均每日接到专利侵权投诉案件逾 1000 起。浙江省知识产权局累计指导阿里巴巴、淘宝两家公司处理难以判定的专利侵权投诉案件 300 多件,调处电子商务领域专利侵权投诉案 2518 起。

知识产权是一个引入我国时间并不长的法律概念,要在较短时间内即建构一种比较科学完善的知识产权保护制度具有很大难度,只能基于我国的社会和法治环境,逐步地协调、磨合。对于知识产权保护的基础或者主导力量,国内外在认识上存在着一定的差异,很难用哪种制度更科学、更优越来加以比较,而应该从"怎么做"更适用、更接地气来衡量。知识产权的行政执法是我国现阶段的历史选择,知识产权权利人在很大程度上愿意"有问题,找政府",说明了这种模式的有效性。现行知识产权法律、法规也肯定了这种做法。但是,找政府并不意味着政府应该包揽,而是应当利用政府平台的优势,动员各种社会力量来共同开展知识产权保护,让知识产权执法活动反应更迅速、打击更准确、效果更持久。现有研

---

① 信息来源:浙江省知识产权局网站 http://www.zjpat.gov.cn/interIndex.do?method=draftinfo&draftId=4aeb4c51-49cbc8af-014a-521eac9b-0065。

究和形势发展也显示,知识产权问题已经成为影响电子商务产业能否健康、持续、良性发展的重要问题。同时,未来一段时期,基于网络的知识产权纠纷将成为行政机关和法院处理知识产权违法的主要战场。因此,知识产权行政执法及其协同的完善,应当将重点放在遏制互联网电子商务中的知识产权违法行为和知识产权法律环境的建设上。

第二节　政府、企业、社会协同执法理论与现状分析

一、知识产权协同执法的理论支撑和必要性分析

(一)治理理论指导下的协同执法

协同执法的制度背景是社会治理理念的兴起。社会治理是以维系社会秩序为核心,通过政府主导、多方参与,规范社会行为、协调社会关系、促进社会认同、秉持社会公正、解决社会问题、化解社会矛盾、维护社会治安、应对社会风险、促进社会和谐的活动。在我国,社会治理是较新的事物。党的十六届四中全会首次提出我国应向"党委领导、政府负责、社会协同、公众参与、法治保障"的社会治理新格局方向努力的目标,政府的态度开始发生转变,逐步承认公共事务"公共性"的特点,开始注重公众参与、社会合作、平等协商、公共选择和集体决策等方面的价值,社会主体的地位得到了抬升,有机会成为与政府分工协作、共担责任、共享共治的主体。按照这一逻辑,社会主体有机会和行政机关共同承担一些行政执法事务,包括行政协同执法事务。

治理理论的核心体现在三方面:第一,强调要提高政府的施政能力与水平,重新审视政府管理绩效的功利性,主张政府的决策和行为不应单纯着眼于如何管理和控制社会事务,而是要改善公民生活质量。政府行为需要加入社会集体决策和集体行动的成分,追求社会的自我协调和自我管理,在经济调节、市场监管、社会管理、公共服务事务中都要重视社会治

理。第二,强调在国家法治与市场机制尚不健全、社会机制尚不强健的局面下,政府的权力无法有效影响经济和社会,政府的资源也无法充分发挥效应,政府、民间组织、企业、公民个人等社会多元要素有可能相互协调、合作治理社会公共事务,在整合和发挥各类社会要素的功能优势中最大限度地维护和增进公共利益,推进社会有序、持续、和谐发展。第三,社会治理是治理主体和治理手段的结合。我国过往长期运行的行政机关单一主体、从上到下的集权式管理格局,是从命令与服从的关系角度来建构管理,由"政府来发布命令或制定规则,民众来服从或执行"。随着国家和社会二元化的发展,政府不应当包揽公共事务,而应当整合全社会的力量,寻求广泛的公共参与。政府并不是治理的唯一主体,只是多元主体中的一元,社会治理可以依靠的主体还包括社会组织、社区单位、企业、个人等利益攸关者,它们可以与政府共同建立集体决策和共同参与制度,和政府共担职责,可以共同减少公共选择和公共博弈的不确定性,带来国家与社会的良性互动,进而实现善治。

（二）行政机关与企业协同开展知识产权执法的必然性

基于社会治理所影响的广泛领域,可以将知识产权活动以及行政执法活动置于社会治理的视角,将政府部门作为社会治理的一维进行观察,诊断政府在行使职能、履行法律过程中涉及的社会利益、社会服务方面的问题。同时,发掘社会力量协同参与知识产权行政执法的重大意义和可能性。

从整体来看,面对知识产权侵权水平不断加深与侵权速度不断加快的局面,知识产权行政执法的加强势在必行。一方面,行政机关要在互联网发展的规则、制度等方面制定执法规则。由于互联网的发展速度非常快,常常出现连锁、叠加的创新,在规则制定和调整上,行政规章、规范性文件无法做到迅速反应,已经做出的一些规定很快在商业和技术创新面前显露出局限性。另一方面,在开展行政许可、实施行政检查、决定行政处罚等具体行政行为方面,互联网的距离性、虚拟性给依法行政带来了一定的难度,政府通过在执法活动中增配信息化、高技术化的设备和流程在一定程度上应对了这一挑战,但政府的职能、角色决定了它不可能去占据互联网技术的制高点,不可能去发现和处置互联网环境中的商业漏洞,使互联网上的商业、社交行为按照政府的规则来运作,政府只能是熟悉规则、导正行为,让执法人员精通互联网,将有限的执法力量合理调配起来,有效率地处理互联网电子商务发展过程中发生的矛盾、争端,确保电子商务发展保持正确的方向。单凭行政机关的力量是难以满足广泛的知识产权行政执法受益群体的需求的,需要电子商务网站参与知识产权执法活动。

从行政执法的具体要求上看,首先,行政机关在执法中要面对的是具有公开性、无形性、可复制性、易侵权性的知识产权,而且,知识产权无形财产与有形财产是不可剥离的,在处置行政相对人的权利义务时还需要考虑到与此相关的贸易、物流、结算等方面的法律关系,这会导致行政机关在涉案证据的收集上处于间接地位,在第一时间去固定和收集证据具有一定的难度,因此,要依靠知识产权权利人和法律关系的相应当事人。其次,在知识产权侵权案件的法律和技术双重判定标准上,知识产权行政执法不具备特殊的优势,也需要社会力量的加入和协同。

二、知识产权协同行政执法面临的障碍

尽管在理论和政策形势上,知识产权协同行政执法获得了一定支撑,但在复杂环境下,协同行政执法的顺利运行还面临着一些障碍,主要体现在观念和行为方式上。

(一)针对协同行政执法的观念差异

经过调查,我们发现知识产权执法机关和电子商务网站之间对于知识产权行政执法和协同执法存在着不同的看法[①]。

1. 知识产权执法机关的看法

在知识产权执法机关中,有些人士认为,我国的知识产权保护总体水

---

① 资料来自课题组访谈记录。

平还属于偏低阶段,知识产权行政执法的社会环境应当加以优化,行政执法的理念应当提升。也有些人士认为,我国目前的知识产权执法保护水平并不低,既动用法律,还大量调动了行政机关掌握的权力和资源,尤其是我国近年来频频使用的知识产权专项执法、联合执法活动,是一种很强的体制性动员,这在其他国家是难以做到的。对于部门间的知识产权协同执法,少数执法机关的工作人员的看法是,协同执法的实施有一定的效果,但在具体实施过程中也暴露出执法依据不统一、执法主体"扯皮打架"、浪费执法资源、执法信息不能共享等问题。

对于电子商务网站在知识产权执法中的作用,一些行政执法机关工作人员的看法是,目前积极寻求知识产权执法保护的电子商务网站的比例是偏小的。知识产权行政执法机关积极、主动去开展和扩大知识产权执法,弄得不好就会变成一厢情愿。但也不少行政机关工作人员认为,电子商务领域知识产权行政执法的处境并不被动,一些较大规模的电子商务网站企业都很重视知识产权建设,知识产权执法不会影响电子商务领域的某些生态"平衡",因为这些"平衡"本身就带有不健康的因素,知识产权行政执法不仅仅对知识产权权利人和消费者有利,对于其他市场主体和知识产权利益相关者同样有利。一些执法者提到,来自国外的一些购物网站企业非常赞赏严格的知识产权执法,中国的一些网站慢慢也会意识到知识产权行政执法在实现知识产权权利人利益和互联网电子商务共同利益上的重要作用。

2. 互联网电子商务主体的看法

在调查中我们发现,社会上对知识产权执法和保护的意义认识不统一,有些人指责知识产权执法太慢、太松,是选择性执法。有些人则认为互联网电子商务商业环境本就鱼龙混杂,市场经济又是利益为先的经济模式,现在的经济发展水平和网络消费习惯有利于假冒、仿冒商品的存在,行政执法机关想遏制知识产权侵权泛滥,只能治标,无法治本,应当顺其自然,让市场慢慢完善。也有看法认为,行政机关的知识产权执法是做给外国人看的,是我国面对国外知识产权保护的压力才实施的,网络消费者群体对于电子商务中的侵犯知识产权现象并没有表示出强烈的反感,对行政执法机关不应予以过高的期望。

有些互联网从业人士认为,对于电子商务领域发生的知识产权纠纷,立法、执法的关注和介入是不够的,知识产权行政执法机关有责任去改进电子商务活动的知识产权状况,需要常抓不懈,而不是突击执法。

也有人士认为,电子商务活动中出现的知识产权纠纷,与互联网的经济、科技大气候有关,需要一定的时间去解决,单单依靠知识产权行政执法机关很难扭转这种状况,最多也只能维持市场现状,难以铲除根源。科技进步、竞争理性是遏制电子商务领域随处可见的知识产权违法违约现象的长远希望。

与此相反,少数电子商务主体认为,行政执法途径使得权利人多了一条保护权利的渠道,相比于去法院起诉,知识产权行政执法的权威性并不差,但知识产权行政执法机关的介入面不够深,比如对一些带有隐蔽性的恶意侵犯知识产权事件,有些违法行为人通过拖延时间,采取转移注意力、借口赔偿困难等手段,将合法的知识产权权利人一步步拖入经营困境或者弄得筋疲力尽,等案件处理完毕时,知识产权的合法权利期限已经不长,原先具有的创意或技术优势也慢慢丧失。在有些场合下,存在竞争关系的知识产权人之间也会提出指向并不明确、证据也不充分的知识产权违法投诉,诱使行政执法机关去调查,以此干扰竞争对手正常的研发和经营,使得自己能够赢得时间和市场,而行政执法机关对这种滥用行政救济申请权的行为也无法有力地制止。

还有一些电商主体认为,行政执法者的介入会使得电子商务中的商业关系趋于紧张化,合作氛围微妙化。有些电商主体坦言,如果遇到知识产权侵权数额比较小、造成的影响不大的,一般不会选择向行政执法机关举报,而是顺其自然,维持现状,或者通过商业谈判来解决。而一些电子商务领域的消费者也抱有此种想法,认为如果电子商务领域的一些侵权知识产权现象,能够通过和销售者交涉、网站投诉、发帖得到较圆满的解决,就不会考虑向知识产权行政执法机关举报。

(二)电子商务市场环境的复杂性

在互联网电子商务中,竞争空间是开放化的:既有规模竞争,也有价格竞争,还有个性化、稀缺性竞争;既有原创性的竞争,也有同质性竞争;既有产品竞争,也有管理方法、商业流程竞争。知识产权成为一种竞争武器、谈判工具,同时也可能成为竞争中的牺牲品。竞争双方或多方当事人对竞争的理解与行政执法机关之间存在一定的差异。后者可能考虑的多为整体性、全局性、行业性问题。而互联网电子商务主体则考虑的是个案性的问题。同时,不同的行政执法机关也会有自身的本位思维,如版权执法部门主要考虑出版市场的竞争,而专利、商标执法部门考虑的是货物贸易市场,海关则考虑进出口企业之间的竞争秩序。有容乃大的互联网电子商务包容着上述各种矛盾和博弈,行政机关在与行政执法的协同对象以及互联网电子商务主体在对于知识产权纠纷的处理结果的期望上存在差距。

(三)电子商务网站的模糊立场

互联网电子商务领域存在着复杂的利益结构和话语权争夺现象。在现实状况下,负责电子商务平台运营的电子商务巨头如阿里巴巴、淘宝、京东等购物网站占有较大的话语权,而依托电子商务平台开展网络购销业务的中小微电商主体话语权较小。但是作为访问流量、销售规模、资金及利润的主要贡献者,数量庞大的网商主体对于电子商务网站的决策和行动有着巨大的影响,其中之一就是网上主体不满电子商务网站对其进行严格的经营及知识产权审查,而电子商务网站出于监控的难度以及竞争的需要,对旗下的电商主体采取"睁一只眼闭一只眼"的态度,导致电子商务领域的知识产权保护状况更加混沌。

2015年1月,国家工商总局网络商品交易监管司经过长期调查,发布了《关于对阿里巴巴集团进行行政指导工作情况的白皮书》,指出:阿里巴巴集团在互联网购物平台经营中存在主体准入把关不严、出现问题找不到相关责任人、平台内经营者身份审查流于形式、平台经营者主体责任意识淡薄等问题;在知识产权领域,存在着假冒伪劣商品不少、违法行为疏于管理、有选择性地规避问题、为不正当竞争行为提供成长空间等现象;在阿里巴巴平台的"著作权与商标声明""法律声明""服务条款""隐私声明"等网页中,存在以合同格式条款方式做出排除或者限制消费者权利、减轻或者免除经营者责任、加重消费者责任等对消费者不公平、不合理的规定。阿里巴巴集团也承认了经营中出现的假货、知识产权侵权等情况,申辩其每年投入治理假货的费用超过1亿元,并承诺利用大数据系统和专门开发的二维码商品识别技术来加以防范。电子商务网站的上述行为也受到了外部冲击。2015年5月,法国开云集团再次对阿里巴巴公司提起了诉讼,指控阿里巴巴公司对在其平台上销售假冒古驰(Gucci)、圣罗兰(Yves Saint Laurent)品牌商品的行为起到鼓励作用并从中获利。起诉书中称,阿里巴巴公司向其市场上的顾客提供的服务积极鼓励买家寻找假货,经常将"同款""cucci""guchi"等搜索建议发送给潜在顾客,引导其至假货卖家那里。起诉书称,阿里巴巴公司为假货的生产商、卖家和买家提供了买卖此类商品的市场,并提供在线营销、信用卡支持、融资和发货服务,构成了商业欺诈。这些事件使人们对电子商务网站在维护互联网知识产权秩序方面的立场以及电子商务网站是否能够承担起协同执法的职能产生一些疑问。

归根结底,电子商务是市场经济条件下的一种业态。在法律规定的框架内实施知识产权行为,开展合法竞争是其经营底线,电子商务网站的法人治理结构日趋健全,依法经营意识也会逐渐增强,上述这些在知识产权问题上的摇摆状况应当说只是我国特定的网络商务发展环境下的阶段性现象,电子商务网站作为成熟经营者和合法商业主体,有义务,也会主动性地融入知识产权保护圈之中。

第三节　知识产权协同行政执法机制探索

对于知识产权行政执法问题,我国当前面临的形势较为严峻。从国内情况看,一旦放松知识产权执法,知识产权侵权行为就会失控。当前已经形成气候的"山寨"现象就说明了这一点。从国际情况看,互联网电子商务是传播速度最快、国际化最便利的新型商业模式,在我国建设和运营的互联网上发生的知识产权违法活动会侵害到全球范围内的消费者,而中国的知识产权违法行为人也可能在其他互联网国际商务模式下从事知识产权违法活动,这不但会对中国的对外商务声誉造成影响,还会给一些西方国家提供借口来指责我国政府的知识产权立法执法是虚设的、放纵的,进而加深国际贸易摩擦,给我国造成较大的国际压力。

作为国内互联网电子商务的发源地之一和电子商务集聚度较高的地区,浙江省不但驻有规模最大的电子商务平台——阿里巴巴、淘宝、天猫,也有数量在全国居于前列的中小微电子商务商户,网上交易份额占全国60%以上,在电子商务知识产权保护方面有很大的压力。据统计,淘宝网(B2C、C2C)办结的知识产权投诉案件,2011 年约 527 万起,2012 年约 675 万起,2013 年约 861 万起,其中商标约占 52%,著作权约占 40%,专利占 6%,其他占 2%。这表明,电子商务领域的知识产权纠纷处理已经上升为行政执法机关主要的工作任务,单凭行政执法机关的自身力量已难以有效遏制知识产权违法侵权。在此情形下,广泛的知识产权行政执法协同体的建设迫在眉睫。

一、建构知识产权行政执法协同体的现实基础

知识产权行政执法协同体具有机理上的固定性和制度安排上的灵活性。知识产权行政执法不像知识产权行政许可那样有固定的职权划分和程序,各级别的行政机关都有权也能够开展知识产权执法,现有的知识产权行政执法部门可以根据本管辖领域内知识产权违法行为发生的特点和法律规定以及执法力量存在的薄弱环节,动员、吸纳相应的社会组织、商业团体、网络运营部门来开展线索过滤、跟踪检查、证据收集等执法辅助活动,还可以通过组织知识产权各方达成自律性协议,或授权某些组织来代表知识产权行政执法机关受理违法投诉,提出初步处理建议,借用相关平台的人力、物力开展知识产权执法监控,组织纠纷各方开展调处,委托相关组织执行知识产权行政执法机关的处置、处罚决定等。

多个知识产权执法机关可以同时与一家或几家电子商务网站展开合作,可以把执法、管理触角延伸到网络电子商务的各个交易行为之中,解

决过往全国范围内执法、异地执法难的问题。电子商务网站内部设立的法务部门、投诉部门可以与行政执法机关形成稳定的工作联系,在遇到平台内商务主体的知识产权争议以及疑似违反知识产权现象的同时,可以快速将信息传递给行政执法机关,由行政执法机关做出有指导意义的判断。电子商务网站对旗下的商务主体涉及知识产权纠纷做出调处和限制会员权益的决定时,可以由行政执法机关做出带有权威性的"背书",或者由行政执法机关指出和纠正其不当、不实之处。行政执法机关与电子商务网站之间可以结成网状关系。国家级、地区性的电子商务网站加入知识产权行政执法,有助于克服知识产权行政执法领域的执法不平衡,地区间、行业间、不同网络平台间执法有差别,相互交流不顺畅的问题。

过往的多部门共同知识产权执法、知识产权联合执法等体制、机制都存在着进一步加强行政执法机关与社会力量协同推动知识产权执法的空间。当前,互联网电子商务环境已相当成熟,一批骨干的电子商务网站运营商组建网络交易平台,容纳了大量电子商务个体,通过网站平台,可以为知识产权局、商标局、版权局等专门开展知识产权行政执法的机关开辟接口,便于这些机构开展线上执法,还可以将可能卷入知识产权违法事宜的电子商务主体的注册信息、财务资料、交易情况依照法定调查、查询程序的要求转给线下的公安、海关、质检、征信登记机关、金融管理部门,形成信息的迅捷、无缝传递。不同的网站平台可以在行政机关主持和协调下实现对同一和同类电商主体的共同监控,做到知识产权执法全覆盖。对于知识产权行政执法力量相对薄弱的部分地区,网站平台可以通过网络技术的优势给予执法机关较大的支援。

二、行政执法主体和电子商务网站的角色规划

知识产权执法是一个宽泛的命题,执法环节包括行政受理、行政调查、行政认定、行政裁决、行政查处、行政执行、行政强制(扣留、没收和处理侵权货物)、行政处罚(罚款、吊销营业执照等),并非只是局限于查处违法行为,而是应当提供更宽泛的促进和保护功能。展望未来,知识产权行政执法除了规范行政执法机关的违法查处工作,还会将知识产权民间性

维权、行政机关与民间合作维权、知识产权行政奖励、知识产权行政调解、知识产权民间仲裁指导、知识产权行政指导、知识产权行政合同等纳入进去，成为大知识产权行政执法的格局。

作为大执法格局的主要履职者，知识产权行政执法机关应当服从和弘扬社会主义法治理念，发挥社会主义法治传统和优势，充分动员有利于知识产权保护的各种社会力量，调动有助于实现知识产权活动公平正义的元素。在保证程序合法的情况下，通过灵活的方式实现程序正当和正义。知识产权行政执法机关应当对行政执法的参与者进行主体识别、管理职能的配置、管理对象或领域的设定等基础性工作，需要观察在特定领域是否存在社会成分的自我组织和自我管理，是否具备某种自动调节机制，是否能与宏观层面的政治治理、政府监管结合起来。

电子商务网站作为行政机关的助手，在参与知识产权执法过程中可能存在两方面的问题：一是参与的主动性问题，电子商务平台企业既有支持知识产权执法、提升平台商务诚信度和名誉度的期望，也会存在着营利性驱动、投资者压力和相似平台间对客户竞争的压力；二是参与处置知识产权纠纷时涉及对相对方的权利介入和限制问题，这种限制权部分属于得到行政执法机关鼓励、授权和支持的，另一部分则属于民事限权，这种限权对行政相对人的影响与行政执法机关单独性限权有较大的区别。

三、知识产权协同行政执法的建设步骤

（一）协同行政执法的第一层次

知识产权协同行政执法的初级层次是电子商务网站建设知识产权违法交易审查系统。这种系统是企业内控系统的一部分，但主要不是控制自身风险，而是控制平台上的商户的交易行为。从可行性上看，审查系统设置的审查程序不能过于复杂，审查时间也不能拖得太长，要保持较好的经济性，否则，电子商务网站很难有耐心坚持下去。

审查系统应在知识产权行政执法部门的指导下进行建设，以利于执法机关在进行违法处理听证和做出处罚决定时能够确认电子商务平台所

收集到的信息,同时,也可以邀请法院对审查系统的信息收集机制、筛选机制进行评估,看是否会与合同法中的相关规定以及商业秘密保护规定相冲突。

在审查机制中安排的模块主要发挥与已授权专利、商标的主要属性进行对比的功能,最基础的功能是对比电子商务平台上在售商品的专利授权号、商标注册号与专利局、商标局颁发的正式授权信息是否一致,从而判断电子商务商户是否假冒了专利、商标。同时,审查机制也可以运用信息技术在被确认的具有知识产权的商品上附加防伪标志或类似的识别方式,就像商品在海关出境时被赋予原产地证明一样,以便这种合法商品能够与知识产权有瑕疵的商品进行区分。

审查系统可以要求电子商务经营商户提交证明其销售商品的知识产权状态的证明文件,当某一电子商务商户的商品交易量较大,或交易价格出现极高、极低的极值,或出现同种商品价格差距超过平均利润率范围时,电子商务网站的审查机制可以捕捉到这些信息,进行分析判断,提示商户提供销售商品的知识产权来源情况,包括商品的知识产权授权证明文件、货物供应商出具的知识产权证明文件等。互联网上的经营商户可以对审查系统提出的信息给予回应,以便于审查系统将其剔除出监控范围。如果电子商务经营商户拒绝回应审查系统的请求,电子商务网站可以设置继续跟踪商品流通情况,或者启动功能更强的知识产权识别手段来判断电子商务商户经营的商品是否存在知识产权瑕疵。

在此有必要讨论一下电子商务平台的另外两种可能会引起争议的权能。

一种是要求电子商务经营者提供定金或担保的问题。在实际操作中,在淘宝、京东、当当网等电子商务网站上从事加盟销售的中小电子商务商户要向网站缴纳相应的加盟费,其销售的金额由平台代为结算。电商网站也制定了一些经济处罚规则,如对不认真处理客户投诉的、违反双方合同规定收取和转走消费者支付的资金的、对消费者实施价格欺诈的商户进行处罚。但是,要求中小商户就销售商品的知识产权瑕疵支付定金或要求中小商户对可能侵权的网上交易提供担保的情况,在实践中较为少见,也可能会导致网站上商户的抵制,因为有些商户会认为自身知识产权侵权事件是没有过错的,对某些商品是否存在侵权也没有较强的识别能力,如果因此被电商网站没收定金或强制提取担保金,会出现经营困难。

另一种是电子商务网站是否拥有公示曾有知识产权侵权交易记录的网络商户的权利以及是否拥有对电商消费者发送警示信息的权利问题。电子商务网站在知识产权侵权纠纷中是否应承担连带性或补充性的民事赔偿责任,目前还没有清晰的说法。但在行政执法领域,电子商务网站如果明知有商户在公然销售知识产权违法商品,或者在行政执法机关提示其营运的平台上多次发生知识产权侵权行为但仍不加强营运控制的,行政执法机关可以对其提出批评、警告、曝光。而电子商务网站对旗下商户进行曝光,其好处是对电子商务商户形成很大的压力,促使其不敢再去碰知识产权这根"高压线",其弊端是会严重影响电子商务商户积累起来的网络人气,直接导致其营业额受影响,也会导致其和电子商务网站产生对立,或许会引发名誉权诽谤的诉讼。电子商务平台需要权衡它与商户之间的关系维护、消费流量规模、利润以及网络消费者对网站忠诚度的培育等问题。因此,作为行政执法机关也不宜一律要求电子商务网站对侵权商户信息进行公开披露,较佳的做法是尊重市场选择机制,鼓励电子商务网站采取高标准的知识产权经营准则,由电子商务网站对网络商户采取知识产权评级、内部警告等形式来加强平台经营秩序管理。电子商务网站也可以向消费者提供知识产权侵权防范知识和预警信息。至于对有多次侵权记录或者较严重侵权行为的网络商户,比较好的处置方式是由电子商务领域的行业协会行使行业自律权,将其进行公示,互联网电子网站也可以根据行政机关执法结果对其进行限制交易或将其驱逐出平台。

(二)协同行政执法的第二层次

知识产权协同行政执法的第二层次是电子商务网站和行政执法机关共建执法联络点,在条件成熟时可以考虑在电子商务网络平台上建设在线执法受理和处理窗口。

　　由于网络购物和其他经济活动的虚拟性,互联网电子商务平台提供的并不是实体交易场所,而是网络交易所需要的互联网空间,因此,知识产权行政执法需要把线上交易中存在知识产权瑕疵的商品和侵权行为通过证物、文字、图片等手段固定下来,然后制发行政执法文书,实施行政处罚和行政强制。由于互联网所联系空间的广泛性,互联网交易的卖家所在地、货物销售地、买家所在地往往不在同一地点,这会导致行政执法管辖的分散。如2014年宁波市方太厨具有限公司发现淘宝平台上有大量假冒"方太"商标的厨房电器在销售,而销售这些假冒商品的互联网商户分布在全国多个地方。方太集团向浙江省知识产权执法机关求助,并经过淘宝网的买卖、物流、结算信息的分析,终于锁定假冒商品的生产和仓储地在广东佛山,最后由广东省公安机关出面捣毁了制假窝点。但是,如果每一个案件都要动员多个地方、多个机关来办案,是不现实的。比较好的方法是行政执法机关以互联网电子商务网站的主要办公地点以及网络服务器所在地点为主体,在电子商务平台的交易中心设置知识产权违法案件处理机构,派驻执法人员,在接到违法举报或线索后直接调用互联网电子商务网站上所显示的商家和商品信息,做出法律判断。其他地方的执法机关在接到消费者对注册在本地的电子商务商户的投诉后,可以向电子商务网站所在地的行政执法机关提出委托,在证据收集、交易停止、资金和货物扣押、冻结上提出协助请求,由互联网电子商务网站负责实施。这种方式的好处是可以避免互联网电子商务网站要接待、满足多家行政执法机关的要求,从而减少其协助负担。如果互联网电子商务网站规模较大,在多个地方设置有营运中心,可以由各营运中心分别和当地的知识产权行政执法机关结成战略合作关系。

　　与此同时,为了解决网络电子商务领域较为突出的知识产权侵权问题,行政执法机关可以和互联网电子商务网站开展专项执法合作。当前,电子商务领域演化出现了一些新趋势,如电子商务平台上的买家出现专业化、集聚化的特点,在一些批发零售业发达的传统地区如浙江的义乌、海宁,广东的东莞、揭阳,网络销售群体已经悄然取代了实体销售店铺,逐渐成为商品销售主力。在一些商品细分领域,如服装、鞋帽、副食品、汽车用品、日用消费品、箱包皮具、3C 数码用品、小型家电、美容护肤产品、玩具等门类,线上销售额已经赶上甚至超过线下销售额。在这些商品的带动下,2014 年淘宝购物平台的总成交额达到 1.172 万亿元,天猫购物平台的总成交额达到 5050 亿元。阿里巴巴网络平台 2014 年仅手机移动端的商品总成交额就达到 3190 亿元,在一些农村地区崛起了专门从事网络商品销售的淘宝镇、淘宝村、物流村。根据阿里巴巴公司的统计,活跃网店数量达到当地家庭户数 10% 以上、电子商务年交易额达到 1000 万元以上的村庄在 2013 年达到了 20 个,2014 年则迅速增加到 211 个,出现了若干领域的单体销售冠军。浙江省杭州市临安区白牛村就被称为"中国第一淘宝村",当地村民中有 40 多位炒货网商,2014 年时,大部分网店店龄在 1～3 年,其中,20% 的网店年销售额超过 200 万元,近四分之一是淘宝 3 皇冠以上的卖家。在电子商务平台发起的节日性促销活动中,网络销售创造出天量级别的成交额,2014 年淘宝、天猫平台在 11 月 11 日一天的销售额达到 571 亿元。此外如京东的"6.18"促销、国美的"8.18"促销也产生了很大的用户访问流量和销售额。在这些淘宝村、明星店铺、超级销售日当中,潜藏着一定数量的知识产权侵权风险。因此,知识产权行政执法机关和互联网电子商务网站有必要联合研判高强度网络消费行为中的知识产权保护焦点,及时受理知识产权权利人和消费者投诉,从大数据中分离、筛选对知识产权执法有意义的信息,设置重点监控领域和重点监控对象,研究知识产权执法与产品质量执法、不正当竞争执法出现交叉、重叠时的处置方法,违法处置信息的公布方式,对涉嫌知识产权违法的商品和财产的保全手段等。同时,针对这些电子商务知识产权热点执法状况,行政执法机关和互联网电子商务平台可以制定专门预案,对网络商户开展执法宣传教育,调配好人力物力资源,做好应对准备,以免执法延滞和案件受理系统临时瘫痪,从而影响执法公信力等情况的发生。

(三)协同行政执法的第三层次

知识产权执法机关和互联网电子商务平台在知识产权协同行政执法过程中的第三层次是合作制定知识产权执法规则体系。传统上,行政行为所依据的规范性文件由行政执法机关根据法律授权和机关行政意图而制定。在互联网电子商务新环境下,行政执法机关单方面去判断知识产权保护方向及保护措施难免会出现市场隔膜,使得执法措施的效用受阻。充分征求市场主体的意见,将协同执法主体的愿望、优势、建议纳入规范性文件中,形成共同的行动愿景是保障执法措施有效的可行路径,也体现了行政执法机关对协同执法主体的高度信任和协同执法机制的法治化、正式化。

目前,浙江省的相关政府部门已经颁布了一些具有探索性的文件,包括《浙江省电子商务领域专利保护工作指导意见(试行)》(以下简称《指导意见》)。这份《指导意见》主要着眼于电子商务领域中所出现的专利纠纷案件,文件内容涉及对"电子商务领域""互联网电子商务交易平台及平台提供者""商品经营者"范围的界定,明确了专利管理部门对电子商务领域负有的职责、互联网电子交易平台与网络商户的权利义务。《指导意见》设计了一套专利权人发现网络侵权后的投诉流程和交易平台受理和处理的方式,规定了网络平台有权删除涉嫌侵权的网商信息和屏蔽链接,网络商户也可以提供未侵权证据进行申辩,由专利执法机关按规定程序处置。对于认定专利侵权的标准,指导意见采用了排除法,规定了不作为专利侵权处理的情形。

《指导意见》构建了一个专利纠纷处置框架,在此框架下知识产权执法机关指导和最终裁决,知识产权维权援助中心作为中介,互联网电子商务平台作为执法机关代理人,专利权人和网商作为法律关系相对人。针对专利侵权争议,《指导意见》除了规定行政执法外,还增加了专利管理部门居中调处以及支持和监督电子商务交易平台执行调处结果的权能。在专利保护环境建设上,《指导意见》提出采用各级专利执法部门分工负责、行政司法联动运行、社会信用体系提供支持等方式。

国家知识产权局、浙江省科技厅的相关政策为专利领域的协同执法勾勒出了权限、范围、程序等方面的基本面貌,尤其是对于电子商务网络平台的权限、行动的规定,比较合理化、规范化,也比较具体化,考虑到了跨越线上线下,跨越地区的专利执法需要解决的一些问题。这一政策的另一个特点是将行政处罚权与民事(赔偿、违约)法律责任较好地进行了结合,既确保了行政机关行使行政处罚权,也确保了电子商务平台对于网商成员的民事权利纠纷的实现。这些制度对于互联网电子商务领域的知识产权保护非常及时。互联网电子商务领域的专利协同执法开了好头之后,接下来应当一鼓作气进行商标执法、版权执法、商业秘密与不正当竞争执法方面的协同制度建设,由相应的行政主管部门汇集网络平台经营者、维护者、参与者的意见,形成指导性的知识产权协同行政执法正式规程,详细规划执法范围、功能划定、程序规定、信息公开、必要时听证、监督等方面的制度,确保上述制度具有较好的操作性,以保证执法行为本身的合法性。

四、加强互联网电子商务领域协同行政执法配套措施的建议

(一)加强知识产权行政执法机关职能建设

"打铁还需自身硬"。在知识产权协同行政执法过程中,知识产权行政执法机关依法行政机制的建设和保障作用不能被弱化。当前,知识产权行政执法机关要优先考虑的是如何优化知识产权行政执法的办案程序,提高执法效率。

知识产权行政执法既有基于受害人报告和社会力量举报的被动式执法,也有知识产权执法机关和其他行政机关主动检查、巡视市场交易,发现违法线索并启动执法的主动执法程序。这两种类型的执法都需要深入研究执法程序的设计,以提升执法效率。

第一,针对被动执法,需要建立健全网上信息、线索受理程序,设置举报意见受理邮箱,开设违法事务处理行政服务窗口,以使社会公众和受害人能便利地提出执法请求。针对主动执法,要建立知识产权执法信息库,收集电子商务经营者的过往违法记录和侵权商品的品类、特征、痕迹记录,以便于行政机关能够较快地搜索、查对可能涉嫌违法的商户和商品信息。

第二,针对各种知识产权违法案件,知识产权执法机关有必要考虑建议执法程序和标准执法程序的设置问题,针对侵权事实明确、涉案标的较小,同时违法行为人自行承认违法情节的,知识产权行政执法机关可以简化执法的调查、听取申辩程序,直接做出行政处罚决定。针对违法情节复杂、涉嫌违法的行为人逃避执法或否认侵权的,需要按照一般性的行政执法手续,对是否具有违法情节、情节严重程度、行政管辖权分配等信息做出判断,并决定是否立案调查。

第三,收到执法请求或发现违法线索后,行政执法机关可以借助工商、质检、银行、税务、电子商务平台、物流企业等多种经济信息平台了解涉嫌违法的经营者的基本信息,通过专利、商标检索系统、版权登记系统比对侵权商品与享有知识产权商品的差异性,了解涉嫌违法者的经营情况和涉嫌违法行为的交易记录、资金流动的情况,迅速锁定侵权商品的数额、流向状况、涉案金额。

第四,开发建设知识产权行政违法处理办案电子系统,将知识产权执法机关做出的具体行政行为的法律、需要制发的规范的行政文书、需要履行的内部讨论和审批手续集成在办案电子系统中,一旦进入立案环节后,电子办案系统能够自动分配办案人员,判断是否存在回避等情形,根据办案程序的要求提示办案人员收集、固定、录入涉嫌违法的经营者的违法证据,提示办案人员通知违法行为人接受调查,并给予其申辩的机会,最终综合违法情节和法律、法规规定,决定是否给予行政处罚。电子办案系统也可以根据违法的严重程度、权利人的请求内容、是否需要等情形设置对侵权商品进行查封、扣押的保全性措施的程序。通过办案电子系统,办案人员在办案过程中能够方便地找到对应的办事程序规定,并做到所有行政行为都有记录,法理依据充分,流程可以追溯,效率得以提升。

(二)加强知识产权协同行政执法的法律政策依据建设

电子商务领域的知识产权执法是新型执法门类,对执法职能、执法主体、执法手段等方面的法律规则有很大的需求。目前专利法、商标法、著作权法等专门法规虽然进行了较快速度的更新,但相对于严峻的知识产权保护形势而言,知识产权实体法能够给知识产权行政执法提供的法律依据总体上依然欠缺,甚至在某些方面严重不足。尤其是有些人强调知识产权应按照民事权利来保护,通过民法典的知识产权篇的制定来完善,在一定程度上削弱了知识产权行政执法强化的努力。

我国海关保护条例和实施办法中关于海关恶意扣留侵权货物,收发货人在提交双倍担保金后才可以请求海关放行货物的规定,对知识产权权利人的保护是相当有利的。在知识产权协同行政执法中,这种做法有一定的推广意义。电子商务网站可以在接到行政执法机关通知后,代扣或者拒绝涉嫌侵权的商品货物的线上和线下流动,也可以在之前与电子商务网络商户签订入网协议时,提前引入这一条款,即网络经营户认可电商网站在发现侵权时暂时冻结交易,暂时停止货物的物流,等待进一步的行政机关调查结果。但这种做法也可能间接导致网络经营户的利益受损。因此,要在权利平衡的要求下进一步设计相关制度,解决好应当赋予电子商务网站多大的自由度、如何处理电商主体提出的异议等问题。

与实体法相比,知识产权程序法的发展较为滞后,缺乏整体性安排,针对知识产权行政执法的程序没有专门化,各个行政执法机关还是在按照专利违法、商标违法、版权违法等分门别类的思想,探索各种单独的执法程序。根据目前的发展形势,知识产权法院已经成立并运作,有望构建出专门的知识产权诉讼程序。知识产权行政执法程序以及协同执法子程序应当尽快地实现专门化。

执法是救济性活动,是非正常状态的,电子商务的发展如果不断依赖行政执法来纠偏、整顿,是极其不利的。因此,要抓紧进行互联网电子商务知识产权合法性建设,政府部门可以结合本地区的实际情况和互联网电子商务知识产权运行的状况,抓紧制定相关的法规、配套性政策,包括互联网电子商务企业的知识产权管理,知识产权的实施、转让和许可的行政管理,进出口贸易中的知识产权管理,知识产权中介服务机构的建设和管理政策等。虽然这些政策不一定在短期内就发挥作用,但从长远看,对于知识产权执法的影响无疑是正面的。

(三)建立协同开展知识产权执法的监督机制

目前知识产权协同执法的主要依据是行政机关发布的政策,应该考虑制定相应的部分规章、地方政府规章,使协同执法有较强的制度依据。尽管规章制度是纸面约束,但规章制度的实施能够形成对相关机关部门的约束机制,并可以成为行政绩效考评的依据,上一级政府以及地方人大可以通过经常性的检查监督规章制度的执行情况来强化协同执法,这对于电子商务知识产权执法是有利的。

新闻媒体、社会公众等对知识产权行政协同执法的舆论监督,不但能扩大整治知识产权侵权行为的声势,也可以促进行政执法机关和电子商务领域执法协同者的工作规范性和积极性,提高公众的关注度。

(四)加强电子商务从业人员的知识产权法治教育

知识产权法是市场经济和互联网经济领域的基础性法律,在本研究过程中,我们发现电子商务网站的知识产权法务机构已基本建立,但是网商主体的知识产权知识和知识产权意识非常薄弱,有一些网店经营人员分不清注册商标和非注册商标,有些网络商户分不清实用新型专利和外观涉及专利、发明专利的区别。这些缺陷导致他们在经营过程中会无意识地触犯知识产权法律,也可能落入他人设置的知识产权陷阱,不但造成消费者权益损害,也会断送自身的艰苦创业成果。因此,对电子商务网络购物网站和网商个体进行知识产权普法和知识产权风险教育,是互联网电子商务健康发展的必要条件,也可以为协同开展知识产权行政执法提供知识支撑。

具体的举措包括:

第一,法制部门可以考虑针对电商从业人员开展知识产权培训,对电子商务网站进行知识产权管理标准认证,也可以考虑在网商行业协会中扶持建立知识产权执法服务站,强化知识产权中介、代理机构的作用,表彰知识产权协同执法先进单位和个人。在电子商务比较发达的地区,在网商从业人员当中征集、培养知识产权联络员,提供知识产权知识读本、知识产权案例汇编,支持网商平台开展知识产权宣传,动员网商聘用和聘请熟悉知识产权法律事务的专业人才。

第二,中共中央在 2014 年做出了全面推进依法治国的重大决策,要在全民中培育知识产权法律保护意识教育,增加培育知识产权法律保护意识的教育经费,从未成年人开始进行知识产权保护意识教育,如在中小学中挂牌知识产权教育示范学校,鼓励学生参与发明创造和技术革新,从小建立知识产权保护意识;又如在高等院校普遍开设知识产权课程,增设知识产权专业和学院;在商业、管理教育培训中加入知识产权保护意识的内容等。

结　语

　　在知识经济时代,科技已经成为第一生产力,无形的知识产权已成为跨国公司相互竞争的重要筹码,也是其对外投资的重要组成部分,因此,知识产权保护水平成为衡量各国投资环境的重要影响因素。在 2008 年我国国务院颁布了《国家知识产权战略纲要》之后,我国的专利、商标、工业设计等知识产权的申请量迅速增长,已遥遥领先于其他国家,这其中有相当部分专利申请人是在华投资和正准备进入中国市场的跨国公司,这正说明了跨国公司的发明创造在我国得到了妥善的保护,跨国公司所拥有的知识产权也得到了较充分的转化,在很大程度上实现了双赢。但我国目前在技术转让、国家安全审查、商业秘密保护和知识产权保护的执行上仍存在缺陷和不足,这在很大程度上影响了外商对我国投资的产业结构、知识产权投资以及技术转移的积极性。

　　知识产权保护是持之以恒的工作。除了有完善的知识产权立法,即立法上有民事、行政甚至刑事等合理的救济措施的规定,东道国的知识产权执法是否及时、救济结果是否公平也是外商投资时考虑的内容。但我国现有的知识产权保护的手段,不论采用"双轨制"的公权力保护模式、私人约定的技术保密协议,或者是求助于民间第三方的商事仲裁和行业协会调解等多元化争端解决方式,都存在一些不足,不利于对外资企业的保护。对此,笔者提出了一些具有直接针对性的改进建议。

　　知识产权创造和运用受到法律、经济、社会各类因素的影响。不论是司法保护还是行政执法保护,都属于事后救济,对于企业来说,解决纠纷的最佳方式往往不是诉讼,而是如何避免纠纷的产生,营造好的知识产权环境对于外资、内资企业都是必需的。企业作为知识产权的主体,其自身对知识产权保护意识的培养以及全社会的诚信建设对知识产权保护也至关重要。诚信建设在西方发达国家已经有上百年的经验,来自发达国家的外资企业可以帮助政府尽快建立国内信用体系建设,加快信用政策法规制度体系建设、信用信息平台搭建、重点领域诚信建设、诚信环境建设等。此外,社会资本作为一种无形性的、网络性的人际关系构建和人际交往规则,发挥着一种软约束作用。在社会风气中,应树立企业的社会责任意识、弘扬诚信商业文化、坚持社会利益原则。制度规范和诚信护航两种调控方式并用,可发挥外资企业的积极主动性,带动国内企业共守诚信,以弥补公权力保护的不足。

当前,我国各级政府正深入推进"放管服"工作,在发挥市场对资源的基础性配置作用的同时,进一步转变政府职能,优化监管和服务。知识产权执法既是政府职能,也是服务企业的重要环节。目前知识产权保护中的行政执法也存在很多问题,其中针对分散执法问题,笔者提出了政府、企业、社会协同执法的建议。应当利用政府平台的优点,动员各种社会力量来共同开展知识产权保护,特别是对于跨国的互联网领域的知识产权纠纷如电子商务领域的知识产权问题,需要电子商务网站主动融入知识产权保护圈中。协作的机制有利于外资企业积极参与,反过来可推进中国的知识产权保护水平的发展。

随着5G时代的到来,大数据、人工智能、物联网等新技术带来的新业态日新月异,我国积极实施先进技术引进政策,进一步减少外资准入负面清单条目,同时,进一步推进国家知识产权战略,顺应跨国公司对知识产权保护的需要,给外商投资尤其是高新技术产业的投资予以较高的安全保障。针对传统公权力保护模式中的难点以及互联网新形势下的新问题,我国应积极建设诚信体系,提高国民知识产权保护意识,同时加强企业责任意识、发挥企业的主人翁精神,让企业不仅仅是被保护的对象,同时也是政府执法的"好帮手"。在诚信、协作的机制下,让外资企业宾至如归,放心大胆地将技术转移到中国,共创中外资企业的共同繁荣。

参考文献

[1] 吴汉东. 知识产权基本问题研究[M]. 北京:中国人民大学出版社,2005.

[2] 金海军. 知识产权私权论[M]. 北京:中国人民大学出版社,2004.

[3] 程永顺. 知识产权法律保护教程[M]. 北京:知识产权出版社,2005.

[4] 姚天冲. 国际投资法教程[M]. 北京:对外经济贸易大学出版社,2010.

[5] 姚梅镇. 国际经济法概论[M]. 余劲松,修订. 武汉:武汉大学出版社,2006.

[6] 余劲松. 国际投资法[M]. 北京:法律出版社,2014.

[7] Sornarajah M. The International Law on Foreign Investment[M]. Cambridge:Cambridge University Press,2004.

[8] OECD. Main concepts and definitions of foreign direct investment[M]//OECD. OECD Benchmark Definition of Foreign Direct Investment 2008. 4 edition. Paris:OECD Publishing,2009.

[9] Shreuer C H. The ICSID Convention:A Commentary[M]. Cambridge:Cambridge University Press,2001.

[10] 赵骏. 国际投资仲裁中"投资"定义的张力和影响[J]. 现代法学,2014,36(3):161-174.

[11] 张庆麟. 论国际投资协定中"投资"的性质与扩大化意义[J]. 法学家,2011,1(6):82-93.

[12] 孙南申. 进入 WTO 的中国涉外经济法律制度[M]. 北京:人民大学出版社,2003.

[13] 徐泉.略论外资准入和投资自由化[J].现代法学,2003(2):146-150.

[14] 漆彤,余茜.从新自由主义到嵌入式自由主义——论晚近国际投资法的范式转移[J].国际关系与国际法学刊,2014,4(00):201-217.

[15] Goldstein J,Keohane R O. Ideas and foreign policy:an analytical framework[M]. New York:Cornell University Press,1993.

[16] 林德明,王宇开,丁堃.中日知识产权战略政策比较及对我国的启示[EB/OL].(2018-12-05). http://www.sipo.gov.cn/gwyzscqzlss gzbjlxkybgs/zlyj_zlbgs/index.htm.

[17] Water G P. International patent protection:1960—2005 [J]. Research Policy,2008,37(4):761-766.

[18] 中华人民共和国商务部.2018 年 1—12 月全国吸收外商直接投资快讯[EB/OL].(2019-01-15). http://www.mofcom.gov.cn/article/tongjiziliao/v/201901/20190102832209.shtml.

[19] 中国市场对外资吸引力不断增强[EB/OL].(2019-01-15). http://www.gov.cn/xinwen/2019-02/11/content_5364707.htm.

[20] 中国投资指南[EB/OL].(2017-10-08). http://www.fdi.gov.cn/1800000121_10000483_8.html.

[21] 中华人民共和国商务部新闻办公室.陈德铭就所谓"强制性技术转让"等问题接受专访[EB/OL].(2017-10-25). http://news.xinhuanet.com/fortune/2012-02/09/c_111507318.htm.

[22] 蔡声霞.国际技术转移与发展中国家技术能力建设的互动关系[J].中国科技论坛,2006(5):8-12.

[23] 刘俊研.国际技术转让与知识产权保护[M].北京:清华大学出版社,北京交通大学出版社,2008.

[24] UNCTAD. Can Performance Requirements Help Meet Development Objectives? [R]. UNCTAD/PRESS/IN/2004/002,2004.

[25] UNCTAD . Foreign Direct Investment and Performance Requirements:New Evidence from Selected Countries [R]. UNCTAD/ITE/IIA/2003/7,2003.

[26] Note G F. A future for international investment? Modifying BITS to drive economic development [J]. Geo. J. Int'l L., 2014, 46: 229-241.

[27] 商密卫士. 所有企业泄密风险分析[EB/OL]. (2019-01-15). http://www.ipr007.com/Modules/riskAnalyse.aspx.

[28] 凤凰财经网. 这家百年品牌的辉煌历史背后，是 95 年的商业秘密保护史！[EB/OL]. (2018-12-15). https://finance.ifeng.com/a/20180413/16078104_0.shtml.

[29] 李顺德. 保护知识产权就是保护创新的火种[N]. 科技日报, 2015-04-18.

[30] 孙新强, 于改之. 美国版权法[M]. 北京: 中国人民大学出版社, 2002.

[31] 吴汉东. 知识产权保护论[J]. 法学研究, 2000(1): 68-79.

[32] 梁平, 陈焘. 论中国知识产权纠纷解决机制的多元构建[J]. 知识产权, 2013(2): 54-58.

[33] 张平. 国家发展与知识产权战略[J]. 河南社会科学, 2007, 15(4): 52-55.

[34] 孔祥俊. 积极打造中国知识产权司法保护的"升级版"——经济全球化、新科技革命和创新驱动发展战略下的新思考[J]. 知识产权, 2014(2): 3-16.

[35] 曲三强. 被动立法的百年轮回—谈中国知识产权保护的发展历程[J]. 中外法学, 1999(2): 119-122.

[36] 刘华. 知识产权制度的理性分析与绩效分析[M]. 北京: 中国社会科学出版社, 2004.

[37] 冯晓青. 知识产权法热点问题研究[M]. 北京: 中国人民公安大学出版社, 2004.

[38] 孔祥俊. 论解决知识产权权利冲突的民事司法与行政程序之界分[J]. 河南社会科学, 2005, 13(6): 9-14.

[39] 蒋玉宏, 单晓光. 区域知识产权发展和保护绩效评价——指标体系

与评价方法[J].科技进步与对策,2009,26(22):144-146.

［40］Ginarte J C，Park W G．Determinants of Patent rights：a cross-national study[J]．Research Policy，1997，26：283-301.

［41］杨中楷,柴胡.中国专利保护水平指标体系构建与评价[J].中国科技论坛,2005(2):76-79.

［42］钟佳桂.中美知识产权保护强度测度与比较[J].法学杂志,2006(3):134-135.

［43］韩玉雄,李怀祖.关于中国知识产权保护水平的定量分析[J].科学学研究,2005(3):377-382.

［44］许春明,单晓光.中国知识产权保护强度指标体系的构建及验证[J].科学学研究,2008,26(4):715-723.

［45］沈国兵,刘佳.TRIPS 协定下中国知识产权保护水平和实际保护强度[J].财贸经济,2009(11):66-71.

［46］余长林.知识产权保护与发展中国家的经济增长——基于技术供给的视角[D].厦门:厦门大学博士学位论文,2009.

［47］李娜,余翔,田芳芳.知识产权保护强度指标的合理性及其完善[J].科技与经济,2014(3):41-45.

［48］楼煜华.TRIPS 协议下对中国知识产权保护的法学思考[J].浙江大学学报(人文社会科学版),2004(1):46-46.

［49］米勒,戴维斯.知识产权法［M］.周林,等译.北京:法律出版社,2006.

［50］邓宏光.商标混淆理论的扩张[J].电子知识产权,2007(10):37-40.

［51］杜颖.商标法[M].北京:北京大学出版社,2012.

［52］胡开忠.商标法学教程[M].北京:中国人民大学出版社,2009.

［53］皮天雷.经济转型中的法治水平、政府行为与地区金融发展:来自中国的新证据[J].经济评论,2010(1):36-49.

［54］林鸿熙,郑露曦,张向前.美国诚信体系建设对我国的启示[J].科技和产业,2009,9(12):120-125.

［55］管宪平.试论市场经济条件下诚信的缺失与重建[J].湖南社会科

学,2003(1):47-50.

[56] 魏昕,博阳.诚信危机——一个严重的社会问题[M].北京:中国社会科学出版社,2003.

[57] Coleman J. Foundations of Social Theory [M]. Cambridge，MA：Harvard University Press，1990.

[58] Bertrand M，Duflo E M. How much should we trust differences-in-differences estimates？[J]. Quarterly Journal of Economics，2004，19(1)：249-276.

[59] 曾冠球,从"代理"到"合伙":组织建立社会资本的理论分析[J].中国行政评论,2004,74(4):107-133.

[60] Boyd R,Rieherson P. Culture and the Evolutionary Process[M]. Chicago：University of Chicago Press，1985.

[61] Fukugama F. Trust[M]. New York：Free Press，1995.

[62] Crepon B,Duguet E. Estimating the innovation function from patent numbers：GMM on count panel data[J]. Journal of Applied Econometrics,1997(12):243-263.

[63] Allen F，Qian J，Qian M. Law, finance, and economic growth in China[J]. Journal of Financial Economics，2005，77：57-116.

[64] 边燕杰.评 Socia Capital：A Theory of Social Structure and Action [J].台湾社会学,2005(6):271-276.

[65] 李晓义,李建标.互惠、信任与治理效率——基于比较制度实验的研究[J].南开经济研究,2009(1):101-121.

[66] 蔡芸,杨冠琼.社会繁荣、互惠性增溢价值及其生成的基础[N].光明日报,2012-05-29：11.

[67] 赵艳荣,叶陈毅,李响.基于战略视角的企业社会责任管理研究[J].企业经济,2012(9):35-38.

[68] 苗振青,李良贤.基于共生视角的企业社会责任研究[J].企业经济,2012(2):18-20.

[69] 沈伊默.从社会交换的角度看组织认同的来源及效益[J].心理学

报,2007,39(5):918-925.

[70] 冯必扬.人情社会与契约社会——基于社会交换理论的视角[J].社会科学,2011(9):67-75.

[71] 文鹏,包玲玲,陈诚.基于社会交换理论的绩效评估导向对知识共享影响研究[J].管理评论,2012(5):127-136.

[72] 周安平.社会交换与法律[J].法制与社会发展,2012(2):52-63.

[73] 王春福.社会权利与社会性公共产品的均等供给[J].中共中央党校学报,2010,14(1):90-94.

[74] 杨光斌.社会权利优先的中国政治发展选择[J].行政论坛,2012,19(3):5-11.

[75] Berman W, Woods J D. Positioning IP for shareholder value[J]. Managing Intellectual Property, 2002, 117(3): 41-47.

[76] 吴汉东,胡开忠.走向知识经济时代的知识产权法[M].北京:法律出版社,2002.

[77] 冯晓青.知识产权法哲学[M].北京:中国人民公安大学出版社,2003.

[78] 冯晓青.知识产权法利益平衡理论[M].北京:中国政法大学出版社,2006.

[79] 郭禾.知识产权法案例分析[M].北京:中国人民大学出版社,2000.

[80] 黄晖.驰名商标和著名商标的法律保护[M].北京:法律出版社,2001.

[81] 赫希曼.经济发展战略[M].北京:经济科学出版社,1991.

[82] 贺俊.论开放条件下的产业发展战略选择[J].经济评论,2001(5):48-55.

[83] 罗斯托.经济成长的阶段[M].北京:商务出版社,1995.

[84] 罗斯托.从起飞进入持续增长的经济学[M].成都:四川人民出版社,1988.

[85] 李明德.知识产权法[M].北京:社科文献出版社,2007.

[86] 李顺德.知识产权概论[M].北京:知识产权出版社,2006.

[87] 林毅夫,蔡舫,李周.比较优势与发展战略——对"东亚奇迹"的再解释[J].中国社会科学,1999(5):20-31.

[88] 刘世锦.传统与现代之间:增长模式转型与新型工业化道路的选择[M].北京:中国人民大学出版社,2006.

[89] 梁彗星,严永和.论传统知识的知识产权保护[M].北京:法律出版社,2006.

[90] 全继业.自主创新条件下 SMEs 耗散结构分析及其对管理的启示[J].中国科技论坛,2007(5):45-49.

[91] 盛世豪.知识产权与竞争优势——区域知识产权战略研究[M].北京:中国社会科学出版社,2005.

[92] 陶鑫良,袁真富.知识产权法总论[M].北京:知识产权出版社,2005.

[93] 唐海燕,程新章.东道国知识产权保护对跨国公司直接投资的影响[J].国际商务研究,2005(4):1-4.

[94] 吴汉东,胡开忠.无形财产权制度研究.修订版.[M].北京:法律出版社,2005.

[95] 王先林.知识产权与反垄断法——知识产权滥用的反垄断问题研究[M].北京:法律出版社,2001.

[96] 王莲峰.商标法学[M].北京:北京大学出版社,2011.

[97] 杨静,朱雪忠.国家知识产权政策体系建设之语境与维度——基于促进自主创新能力建设视角[J].科技进步与对策,2013,30(15):106-110.

[98] 杨全发,韩樱.知识产权保护与跨国公司对外直接投资策略[J].经济研究,2006(4):28-34.

[99] 杨延超.知识产权资本化[M].北京:法律出版社,2008.

[100] 阳平.论侵害知识产权的民事责任——从知识产权特征出发的研究[M].北京:中国人民大学出版社,2005.

[101] 易玉.对现代社会中法律与科技的关系的法哲学阐释[J].法学杂志,2007,28(6):36-38.

[102] 郑成思. 知识产权法[M]. 北京:法律出版社,1997.

[103] 张玉瑞. 互联网上知识产权——诉讼与法律[M]. 北京:人民法院出版社,2000.

[104] 朱东平. 外商直接投资、知识产权保护与发展中国家的社会福利[J]. 经济研究,2004(1):93-101.

[105] 曾陈明汝,商标法原理[M]. 北京:法律出版社,2003.

[106] 钟昌标. 国内区际分工和贸易与国际竞争力[J]. 中国社会科学,2002(1):94-100.

[107] Could D, Gruben W C. The role of intellectual property rights in economic growth[J]. Journal of Development Economics,1996, 48(2):323-350.

[108] Rottman D B. Does effective therapeutic jurisprudence require specialized courts (and do specialized courts imply specialist judges) [J]. Court Review,2000,37(2):22-27.

[109] Eaton J, Kortum S. Trade in ideas: patenting and productivity in the OECD [J]. Journal of International Economics, 1996, 40: 251-278.

[110] Ferrantino M J. The effect of intellectual property rights on international trade and investment [J]. Weltwirtschaftliches Archiv, 1993, 129: 300-331.

[111] Fink C, Maskus K. Why we study intellectual property rights and what we have learned[M]. //Fink,Maskus(eds). Intellectual Property and Development: Lessons from Recent Economic Research. Oxford: Oxford University Press, 2005.

[112] Kondo E K, The effect of patent protection on foreign direct investment[J]. Journal of World Trade, 1995, 29: 97-122.

[113] Lee J-Y, Mansfield E. Intellectual property protection and U. S. foreign direct investment [J]. The Review of Economics and Statistics, 1996, 78(2):181-186.

[114] Lesser. The Effects of Trips-Mandated Intellectual Property Rights on Economic Activities in Developing Countries［R］. Prepared under WIPO Special Service Agreements，WIPO，2003.

[115] Lucas R. On the mechanics of economic development［J］. Journal of Monetary Economics，1988，22(1)：3-42.

[116] Mansfield E. Intellectual property protection，direct investment and technology transfer：Germany，Japan and the USA ［J］. International Journal of Technology Management，2000，19 (1/2)：3.

[117] Mansfield E. Intellectual property，foreign direct investment and technology transfer［R］. Working paper，World bank，1994：19.

[118] Rapp R T，Rozek R P. Benefits and costs of intellectual property protection in developing countries［J］. Journal of World Trade，1990，24：75-102.

[119] Romer P. Increasing returns and long-run growth［J］. Journal of Political Economy，1988，94，(5)：1002-1037.

[120] Sherwood R M. Intellectual property systems and investment stimulation：the rating of systems in eighteen developing countries ［J］. IDEA，1997，37(2)：261-370.

[121] Wang L. Intellectual property protection in China［J］. The International Information & Library Review，2004，136（3）：1253-1261.

后 记

本书是宁波市人民政府与中国社会科学院合作共建的科技创新与知识产权研究中心 2016 年重点课题的最终研究成果。由浙江大学宁波理工学院法政学院的项安安、浙江万里学院法学院的余翔和宁波大学法学院的李娜三位教师合著完成。其中课题组负责人、浙江大学宁波理工学院项安安负责组织协调课题研究的具体工作,并对全书进行了修改和统稿。各章节的具体分工如下:项安安完成第一章、第二章、第三章;余翔完成第四章;李娜完成第五章。

本书立足于我国政府、司法机关对外资知识产权保护方面的法律法规,分析了影响外资企业知识产权投资信心的若干因素,提出了一些新的知识产权保护渠道,以利于稳定外商投资,正面宣传我国知识产权保护取得的成果。浙江省是知识产权大省,也是电子商务领域蓬勃发展的地区,因此本书对宣传我国知识产权法规政策、吸引外商到浙江省投资、帮助司法执法机关妥善解决涉及外资企业的知识产权纠纷具有一定参考价值。囿于研究者的视野和水平,研究资料、研究时间等客观要素的诸多限制,本书存在不少缺陷与不足,恳请各位专家、读者批评指正,为今后进一步深入研究提供宝贵意见。

项安安

2019 年 1 月